# Nuestra Fe Católica
## Un resumen de las creencias básicas

◆ ◆ ◆ ◆ ◆ ◆ ◆ ◆ ◆ ◆ ◆ ◆ ◆ ◆ ◆ ◆ ◆ ◆ ◆

# Our Catholic Faith
## A Summary of Basic Beliefs

### Rev. Msgr. John F. Barry

**Consultor Teológico**
**Official Theological Consultant**
Most Rev. Edward K. Braxton, Ph.D., S.T.D.

**Traducción y adaptación** ◆ **Translation and Adaptation**
Dulce M. Jiménez-Abreu
Gladys Padilla Fields
Yolanda Torres

**Consultor bilingüe** ◆ **Bilingual Consultant**
Dr. Frank Lucido

William H. Sadlier, Inc.
9 Pine Street
New York, New York 10005-1002

**Nihil Obstat**
Reverend Eugenio Cárdenas, M.Sp.S.
Censor Deputatus

**Imprimatur**
✠ Cardinal Roger Mahony
Archbishop of Los Angeles
August 20, 1995

Printed in the United States of America.

**S** is a registered trademark of William H. Sadlier, Inc.
Home Office: 9 Pine Street
New York, New York, 10005-1002
ISBN: 0-8215-1275-7
3 4 5 6 7 8 9/987

## Apreciado Estudiante:

Este libro **Nuestra Fe Católica**, ha sido escrito para ayudarte a entender mejor nuestra fe. Revisa las ideas principales de la fe. Una vez las conozcas podrás entender mejor tu vida de católico que ama y sigue a Jesús. También estarás preparado para continuar estudiando la fe.

Para obtener lo mejor de este libro debes:

❖ Escuchar atentamente la explicación del maestro.

❖ Compartir tus ideas, sentimientos y pensamientos acerca de lo que trata el capítulo.

❖ En tus propias palabras explicar las principales ideas de cada capítulo. (Generalmente encontrarás repasos al inicio de cada nueva idea).

❖ Memorizar la idea principal de cada capítulo.

❖ Pensar como puedes hacer lo que se pide en cada capítulo. Prometer tratar de vivir tu fe un poco mejor cada día. Pedir a Jesús y a su madre María, por la fortaleza necesaria para mantener tu promesa, o tener el valor de tratar nuevamente cuando falles.

Queremos que sepas que todos los que escribieron este libro y los que te enseñan te quieren mucho. Este es un libro bilingüe especialmente diseñado para que comprendas la fe en tu propio idioma. Queremos que aprendas a conocer mejor a Jesús y a su madre María y así puedas estar con ellos también en tiempos de gozo, preocupación o tristeza. Pide a tu maestro, a tus padres, sacerdotes o amigos firmar esta página contigo como promesa de que te ayudarán a aprender a vivir **Nuestra Fe Católica**.

_____

Nombre

_____

Tus padres, maestro, sacerdotes, amigos quienes te ayudarán.

# CONTENIDO

# ✚ TABLE OF CONTENTS ✚

# Dios es nuestro Creador

## Dios es nuestro Creador

Cuando miramos un arco iris
brillante lucir en el cielo en verano...

Escuchamos el golpear de las
    olas en la orilla...

Olemos las flores,
    escuchamos un pajarillo cantar...

Tocamos la suavidad de la mano
    de un bebé...

Cuando maravillados miramos las
    estrellas que alumbran el universo...

**¡Alabamos y damos gracias a Dios quien lo
    creó todo!**

¿Qué has visto hoy que te recuerde a Dios?

Descríbelo en palabras o dibújalo.

### APRENDEREMOS

1 **Dios creó el universo.**

2 **La gente se alejó de Dios.**

3 **Dios prometió enviar un
    Salvador.**

## VOCABULARIO

**divino**
    palabra usada sólo para describir
    a Dios

**pecado original**
    el pecado de nuestros primeros
    padres, el cual todos compartimos

# God Is Our Creator

## God Is Our Creator

When we look at a brilliant rainbow
   splashed across the summer sky…

Or hear the pounding of the waves
   against the shoreline…

Or smell the flowers,
   or hear a robin sing…

Or touch the new softness
   of a baby's hand…

When we stand in awe before
   the stars that light our universe…

**We praise and thank our God who made
   them all!**

What have you seen today
that reminds you of God?

Describe what you saw in
words or through art.

### WE WILL LEARN

1 God created the whole universe.

2 People turned away from God.

3 God promised to send a Savior.

### VOCABULARY

**divine**
   a word used to describe God alone

**original sin**
   the sin of our first parents in
   which all of us share

# 1 Dios creó el universo.

◆◆◆◆◆◆◆◆◆◆◆◆◆◆◆◆◆◆◆◆◆◆◆◆

La Biblia, es el libro más importante que se ha escrito. Es la palabra de Dios, nos habla de Dios y su pueblo. En ella aprendemos que todo lo que hay en el universo fue creado por Dios. Después que Dios creó el mundo, creó al ser humano.

En la Biblia leemos: "y creó Dios al hombre a su imagen. A su imagen divina lo creó. Macho y hembra los creó".
Tomado de Génesis 1:27

La Biblia llama al primer hombre y mujer que Dios hizo, Adán y Eva. Dios le dio a Adán y a Eva dominio sobre toda la creación y les confió el cuidado de todos los animales, flores, árboles, peces, hasta los ríos y los océanos. Toda la creación era para ellos disfrutarla y protegerla. Dios quería que la gente se amara y fuera feliz en el mundo tan bello que El había hecho.

La historia completa de la creación se encuentra en Génesis 1:1–2:4.

Menciona algunas cosas que Dios creó.

¿Quién tiene que cuidar el mundo de Dios? ¿Por qué?

The Bible is the greatest book ever written. It is the word of God and tells us about God and God's people. From the Bible we learn that everything in the universe was created by God.

After God created the world, God made human beings. In the Bible we read, "God created them in His own divine image. God created them male and female."
From Genesis 1:26–27

According to the Bible story, the first man and woman whom God made were Adam and Eve. God gave Adam and Eve charge over all creation and told them to care for it — the animals, flowers, trees, fish, even the running rivers and the deep oceans. All of creation was theirs to enjoy and protect. God wanted people to love and to be happy in the beautiful world He had made.

The whole story of creation is found in Genesis 1:1—2:4.

Name some of the things God created.

Who is supposed to care for God's world? Why?

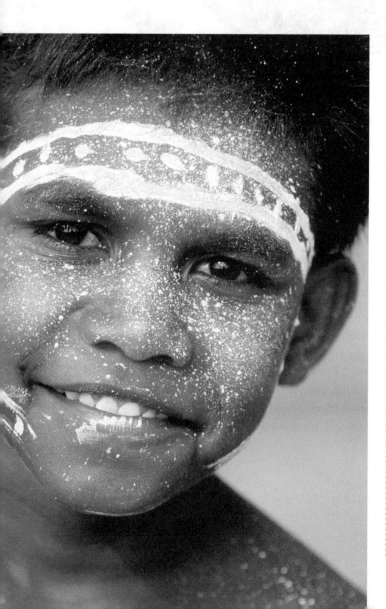

## 2 La gente se alejó de Dios.

Dios creó un mundo donde la gente pudiera vivir en paz y alegría. En el plan de Dios, el ser humano nunca iba a enfermarse o morir. Ellos fueron creados para ser felices con Dios para siempre. Ese era el plan de Dios para los seres humanos.

Dios les dio a los primeros seres humanos muchos regalos maravillosos. Podían:

❖ Sentir y amar.

❖ Pensar y tener curiosidad.

❖ Explorar y hacer cosas.

❖ Hacer preguntas y buscar respuestas.

❖ Escoger y decidir.

Uno de los regalos más grandes de Dios para Adán y Eva fue el regalo de la libertad. Desde el principio ellos tenían la libertad de hacer el bien o el mal. Dios no los forzaba a nada. Dios confió en que ellos actuarían con amor y no con egoísmo.

De acuerdo a la historia bíblica Adán y Eva no supieron mantener la confianza en Dios. No usaron su libertad debidamente. Ellos decidieron actuar egoístamente y alejarse del amor de Dios quien lo había creado todo, ellos pecaron. Este primer pecado se llama *pecado original*.

¿Qué piensas que quiere decir usar la libertad debidamente?

## 2 People turned away from God.

◆◆◆◆◆◆◆◆◆◆◆◆◆◆◆◆◆◆◆◆◆◆◆◆◆◆◆

God created a world in which people would live in peace and joy. In God's plan, human beings would never be sick or die. They were created to be happy with God forever. That was God's plan for human beings.

God gave the first human beings wonderful gifts.

❖ They could feel and love.
❖ They could think and wonder.
❖ They could make things and explore.
❖ They could ask questions and seek answers.
❖ They could choose and decide.

One of God's greatest gifts to Adam and Eve was the gift of freedom. From the very beginning, they were free to choose either to do good or to do evil. God would not force them to do anything. God trusted them to act out of love rather than selfishness.

According to the Bible story, Adam and Eve did not live up to God's trust. They did not use their freedom wisely. They chose to act selfishly and to turn away from the loving God who had created them. When they chose to turn away from God, they sinned. This first sin is called *original sin*.

What do you think it means to use freedom wisely?

## 3 Dios prometió enviar un Salvador.

◆◆◆◆◆◆◆◆◆◆◆◆◆◆◆◆◆◆◆◆◆◆

Aunque Adán y Eva pecaron, desobedeciendo a Dios, Dios aún los amaba. El tenía un plan maravilloso. Dios les mandaría a alguien para que los salvara del pecado.

Sabemos que el Salvador prometido fue Jesús, el hijo de Dios, quien nos salvaría a todos del pecado, y de la muerte. El nos enseñaría como amar a Dios y como amarnos los unos a los otros. Porque Dios nos ha dado el gran regalo de Jesús, nuestro Salvador, podemos saber como Dios quiere que vivamos. Podemos vivir ahora como amigos de Jesús y ser felices con Dios para siempre en el cielo.

¿Cuál era el plan de Dios para salvarnos?

¿Cómo puedes mostrar tu amor por Dios?

# 3 God promised to send a Savior.

Even though Adam and Eve sinned by disobeying God, God still loved them. He had a marvelous plan. God would send them someone who would save them from sin.

We know that this promised Savior was Jesus, the Son of God. Jesus would save all of us from sin and death. He would show us how to love God and one another.

God has given us the great gift of Jesus our Savior. Through Jesus, we can know how God wants us to live. We are to live now as friends of Jesus and to be happy with God forever in heaven.

What was God's plan to save us?

How can you show your love for God?

## HE APRENDIDO

Completa la oración.

Dios creó al ser humano para que fuera

_____ con El para

siempre.

Adán y Eva se alejaron de Dios. Ellos eligieron

_____.

Dios prometió mandar a un

_____.

### ORACION

Oración es hablar y escuchar a Dios. Podemos
rezar para agradecer y alabar a Dios. Podemos
pedir perdón a Dios y lo que necesitamos.
Esta es una oración para alabar a Dios.

**"Alabo al Señor con toda mi alma y canto
sus maravillas".**

Salmo 9:1

## YO HARE

Menciona algunos de los regalos que Dios nos
ha dado.

¿Cuál de ellos crees es el regalo más grande
que Dios te dio?

¿Cómo usas ese regalo? ¿Qué harás para
agradecer a Dios ese regalo?

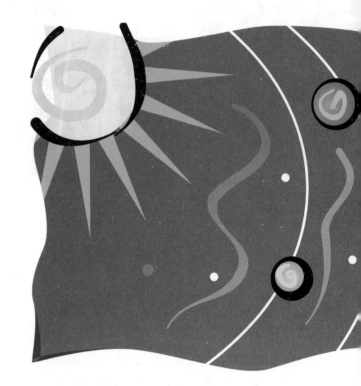

## Recuerda

Dios creó y amó a los seres humanos aunque
ellos pecaron.

Dios prometió enviar un Salvador, para salvar a
toda la humanidad del pecado y la muerte.

## Repaso

1. ¿Qué quiere Dios que hagamos con el
   mundo que El creó?

2. ¿Qué eligieron hacer Adán y Eva?

3. ¿Quién es el Salvador?

4. ¿Cómo te sientes al saber que Dios creó y
   salvó al mundo por amor?

### Nota para la familia

En esta lección, su hijo aprendió que
nuestro Dios creó todas las cosas por
amor y que a pesar del pecado de la
gente, envió a Jesús para salvarnos. Ayude
a su hijo a repasar la lección discutiendo
las partes **Recuerda** y **Repaso** en esta
página.

## I HAVE LEARNED

Fill in the correct words.

God created people to be _____
with God forever.

Adam and Eve turned away from God. They

chose to _____.

God promised to send a _____.

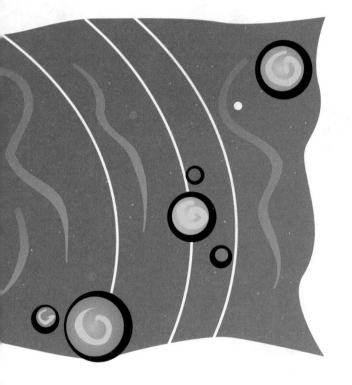

## I WILL DO

Name some of the gifts God has given us.

Which one of these do you think is God's greatest gift to you?

How do you use this gift? What will you do to praise and thank God for this gift?

## PRAYER

Prayer is talking and listening to God. We can pray to thank God, to praise Him and to ask for His forgiveness. We can also ask God for all that we need. Here is a prayer praising God.

> **I will praise You, Lord,**
> **with all my heart;**
> **I will tell of all the wonderful**
> **things You have done!**
>
> From Psalm 9:1

## Remember

God created human beings and loved them even when they sinned.

God promised to send a Savior, to save all people from sin and death.

## Review

1. What did God want people to do with the world He had created?

2. What did Adam and Eve choose to do?

3. Who is the Savior?

4. How does it make you feel to know that a loving God created and saved the world?

### ◆◆◆◆ Family Note ◆◆◆◆

In this lesson, your child has learned that our loving God created all things and that, in spite of people's sins, God sent Jesus to save us. Help your child to review the lesson by discussing the **Remember** and **Review** on this page.

# Jesús viene a nosotros

## ¡Estar vivo!

¿Qué significa estar vivo? Significa que tenemos vida y podemos hacer diferentes cosas.

Queremos. Crecemos. Compartimos. Reímos. Tenemos amigos. Pensamos. Entendemos. Preguntamos. Jugamos. Lloramos. Aprendemos.

Todas estas cosas nos dicen algo sobre lo que significa ser humano.

¿Cuáles de estas cosas son más importantes para ti ahora?

¿Por qué?

## VOCABULARIO

**encarnación**
el misterio de Dios hecho hombre, o uno de nosotros en Jesús

**evangelio**
las buenas noticias del amor de Dios por nosotros

**reino de Dios**
el poder del amor de Dios en nuestros corazones

## APRENDEREMOS

1 El Hijo de Dios se hizo hombre.

2 En los evangelios leemos lo bueno que Jesús fue con todos.

3 Jesús predicó sobre el reino de Dios.

# Jesus Comes to Us

## Being Alive!

What does it mean to be alive? It means we have life and we can do special things.

We love. We grow. We share.
We laugh. We have friends. We think.
We understand. We question. We play.
We cry. We learn.

Each of these things tells us something about being human.

Which of these things are most important to you now? Why?

---

### VOCABULARY

**incarnation**
> the mystery of God "becoming flesh," or becoming one of us in Jesus

**gospel**
> the good news of God's love for us

**kingdom of God**
> the reign, or rule, of God in our hearts

---

### WE WILL LEARN

1 **The Son of God was born into our human family.**

2 **In the gospels we read that Jesus was good to everyone.**

3 **Jesus preached about the kingdom of God.**

# 1 El Hijo de Dios se hizo hombre.

◆◆◆◆◆◆◆◆◆◆◆◆◆◆◆◆◆◆◆◆◆◆◆◆◆◆◆◆◆

Jesús, Hijo único de Dios, se hizo hombre. Compartió las mismas experiencias humanas que todos tenemos. Fue como nosotros en todo, excepto en el pecado.

Los eventos que describen el nacimiento de Jesús se encuentran en la Biblia. En el Evangelio de Lucas leemos que un día el ángel Gabriel le trajo un mensaje a una joven judía llamada María. Gabriel le dijo que Dios quería que ella fuera la madre de Jesús. Ella no comprendía como esto podía pasar, pero creyó y confió en Dios.

María, dijo que sí, al mensaje de Dios: "Yo soy la servidora del Señor; hágase en mí lo que has dicho".
Lucas 1:38

Este evento, en la vida de María, se llama *anunciación*. La promesa de Dios de mandarnos a un Salvador estaba por cumplirse.

Celebramos el nacimiento de Jesús el 25 de diciembre, la fiesta de Navidad. El Hijo único de Dios, se hizo hombre como nosotros. Este misterio se llama *encarnación*.

¿Qué quiere decir encarnación?

¿Qué significa para ti que el Hijo de Dios se hiciera parte de la familia humana?

## ¿SABES?

Cada domingo en la Misa escuchamos una lectura del evangelio. El sacerdote o el diácono nos lee del evangelio según Mateo, Marcos, Lucas o Juan. Nos ponemos de pie para escuchar la buena nueva de Jesucristo.

# 1 The Son of God was born into our human family.

◆◆◆◆◆◆◆◆◆◆◆◆◆◆◆◆◆◆◆◆◆◆◆◆◆

God's only Son became one of us. Jesus shared the same human experiences that we all have. He was like us in all things except that He never sinned.

The events surrounding Jesus' birth are described in the Bible. In the Gospel of Luke we read that one day the angel Gabriel brought a message to a Jewish girl named Mary. Gabriel told her that God wanted her to be the mother of Jesus. She did not understand how this could happen, but she believed and trusted in God.

Mary said yes to God's message. "I am the Lord's servant," said Mary. "May it happen to me as you have said."
From Luke 1:26–38

This event in Mary's life is called the *annunciation.* God's promise to send us a Savior was about to be fulfilled.

We celebrate the birth of Jesus on December 25, the feast of Christmas. Jesus is God's own Son. This mystery of God "becoming flesh," or becoming one of us in Jesus, is called the *incarnation.*

What do we mean by the incarnation?

What does it mean to you that the Son of God became a member of the human family?

**DO YOU KNOW ?**

Each Sunday at Mass we hear a gospel reading from the Bible. The priest or deacon reads to us from the gospel according to Matthew, Mark, Luke, or John. We stand to hear the good news of Jesus Christ.

**Domenico Ghirlandaio** *Annunciazione,* (15th century)

## En los evangelios leemos lo bueno que Jesús fue con todos.

◆◆◆◆◆◆◆◆◆◆◆◆◆◆◆◆◆◆◆◆◆◆◆◆◆◆◆◆

Jesús enseñó a la gente, por medio de sus palabras y acciones, como conocer y amar a Dios. Las cosas buenas que Jesús hizo mientras estuvo en la tierra se describen en la parte de la Biblia que llamamos los cuatro evangelios. La palabra *evangelio* significa "buenas noticias". Uno de los evangelios nos dice; "En ese momento Jesús sanaba a varias personas afligidas de enfermedades, de achaques, de espíritus malignos, y devolvía la vista a algunos ciegos".

Lucas 7:21

La buena nueva de Jesús es que Dios nos ama, perdona y cuida. Nadie es rechazado.

En los evangelios leemos que Jesús nos enseñó a amar a los demás así como Dios nos ama a nosotros. Jesús lo mostró:

❖ alimentando a los hambrientos,

❖ curando a los enfermos,

❖ perdonando a los pecadores,

❖ siendo amigo de los pobres,

❖ pidiendo a la gente que amara a Dios y a los demás.

Jesús llamó a la gente a que lo siguiera y compartiera su trabajo y su enseñanza. Dijo: "Ven, sígueme".

Marcos 10:21

Jesús le pidió a doce de sus amigos que fueran líderes de los que le siguieran. Les llamamos apóstoles. El nombró a Pedro como encargado. Jesús le prometió a Pedro: "Tú eres roca, y en esta roca yo fundaré mi Iglesia". (Mateo 16:18). La Iglesia es la comunidad que Jesús fundó.

¿Qué nos dicen los evangelios sobre las formas en que Jesús nos mostró lo bueno que fue con todos?

Menciona una forma en la que puedes seguir a Jesús hoy.

## 2 In the gospels we read that Jesus was good to everyone.

◆◆◆◆◆◆◆◆◆◆◆◆◆◆◆◆◆◆◆◆◆◆

Jesus taught people to know and love God through His words and actions. The good things that Jesus did while He was on earth are described in the part of the Bible we call the four gospels. The word *gospel* means "good news." In one of the gospels we read, "He healed many people from their sicknesses, diseases, and evil spirits, and gave sight to many blind people."

From Luke 7:21

The good news of Jesus is that God loves, forgives, and cares for all of us. No one is left out.

In the gospels we read that Jesus taught us to love others as God loves us. Jesus did this by:

❖ feeding the hungry,
❖ curing the sick,
❖ forgiving sinners,
❖ being a friend to the poor,
❖ urging people to love God and one another.

Jesus called people to follow Him and share His work and teaching. "Come and follow Me," He said (from Mark 10:21).

Jesus asked twelve of His friends to be leaders of those who followed Him. We call these twelve the *apostles*. He placed Peter at their head. Jesus promised Peter, "You are a rock, and on this rock foundation I will build My Church" (from Matthew 16:18). The *Church* is the community Jesus founded.

What do we read in the gospels about the ways Jesus was good to everyone?

Name one way you can follow Jesus today.

## 3 Jesús predicó sobre el reino de Dios.

◆◆◆◆◆◆◆◆◆◆◆◆◆◆◆◆◆◆◆◆◆

Jesús fue el enviado prometido por Dios. El vino a anunciar la llegada del reino de Dios, a fundar su Iglesia y a librarnos del pecado.

El reino de Dios no es un lugar. Es el poder del amor de Dios en nuestros corazones. Jesús habló frecuentemente sobre ese reino. Dijo que el reino empezó con El. Todos estamos invitados a formar parte de ese reino y a ayudar a construirlo. Cuando trabajamos y vivimos para el reino de Dios esperamos vivir eternamente con Dios en el cielo.

Jesús, el Hijo de Dios, es nuestro modelo para vivir el reino de Dios. El nos enseñó sobre el reino de Dios, por medio de historias especiales llamadas parábolas. En una de ellas Jesús dijo que el reino de Dios, es como un tesoro que se desea sobre todas las cosas. Cuando tratamos de vivir como fieles seguidores de Jesús y como miembros de la Iglesia, nos alejamos del pecado y hacemos lo que Dios quiere. Esa es la forma de vivir el reino de Dios.

¿Qué es el reino de Dios?

¿Qué debemos hacer para compartir el reino de Dios?

El reino de Dios

# 3 Jesus preached about the kingdom of God.

◆◆◆◆◆◆◆◆◆◆◆◆◆◆◆◆◆◆◆◆◆

Jesus was the one whom God had promised to send. He came to announce the coming of the kingdom of God, to establish His Church, and to free us from sin.

The kingdom of God is not a place. It is the reign, or rule, of God in our hearts. Jesus spoke often about this kingdom. He said it had begun in Him. All people are invited to become a part of the kingdom and to help build it. When we work and live for God's kingdom we look forward to being with God forever in heaven.

Jesus, the Son of God, is our model in living for God's kingdom. He taught us about God's kingdom in special stories called parables. In one parable, Jesus said that the kingdom was like a great treasure that people would want above all things. When we try to live as faithful followers of Jesus and as members of the Church, we turn away from sin and do what God asks. This is the way we live for God's kingdom.

What is the kingdom of God?

What must we do to share in God's kingdom?

God's Kingdom

CLOTHING DRIVE

## HE APRENDIDO

Escribe el número de la palabra al lado de la definición correcta en la columna B.

**Columna A**

1. anunciación
2. evangelio
3. encarnación
4. reino de Dios

**Columna B**

___ El Hijo de Dios se hizo hombre

___ El poder del amor de Dios en nuestros corazones

___ Buenas noticias del amor de Dios

___ El anuncio del ángel a María

## YO HARE

He aquí algunas cosas que puedes hacer para trabajar por el reino de Dios:

❖ Amar a otros.

❖ Ser justo.

❖ Vivir en paz.

❖ Ser fiel miembro de la comunidad de Jesús.

Elige las que puedes hacer.

Explica cómo lo harás. Más importante aún, ¿lo harás?

## ORACION

Es bueno pedir a Dios por las cosas que necesitamos y por la ayuda que sólo El nos puede dar. Esta es una oración para pedir ayuda a Dios.

"Jesús, Hijo único de Dios, ayúdanos a hacer el bien a todos, como Tú lo hiciste. Enséñanos como trabajar para el reino de Dios en todo lo que hacemos y decimos". Amén.

## Recuerda

El Hijo de Dios se hizo uno de nosotros para invitarnos a participar del reino de Dios.

Los evangelios nos dicen lo bueno que era Jesús con todos.

Jesús es nuestro Salvador y comparte con nosotros la promesa de que Dios nos ama, perdona y cuida.

## Repaso

1. ¿Qué es la encarnación?

2. ¿Cuáles son las buenas noticias de Jesús?

3. Menciona formas en las que puedes compartir el reino de Dios.

4. ¿Cómo te sientes al saber que tenemos a un Salvador que sabe lo que siente un ser humano?

### ◆◆◆◆◆◆ Nota para la familia ◆◆◆◆◆◆

El énfasis de esta lección es en que Jesucristo, el Hijo de Dios, se hizo hombre y que predicó sobre el reino de Dios. Hable con su hijo sobre las formas en las que todos, en nuestra vida diaria, podemos trabajar por el reino de Dios. Terminen rezando la oración de esta lección.

# I HAVE LEARNED

Write the number of the word in Column A next to the correct description in Column B.

| Column A | Column B |
|---|---|
| **1.** annunciation | ___ God's Son becoming one of us |
| **2.** gospel | ___ the reign, or rule, of God in our hearts |
| **3.** incarnation | ___ good news of God's love |
| **4.** kingdom of God | ___ the announcement of the angel to Mary |

# I WILL DO

Here are some things I could do to work for God's kingdom:

❖ Love others.

❖ Be just and fair.

❖ Live in peace.

❖ Be a faithful member of Jesus' community, the Church.

Choose one of the above that you could do.

Explain how you could do it. Will you?

## PRAYER

It is good to ask God for the things that we need and for the help that only God can give us. Here is a prayer asking for God's help.

**Jesus, Son of God,
help us to do good for everyone
as You did. Show us how to
work for God's kingdom in all
we do and say. Amen.**

## Remember

The Son of God became one of us to invite us to become part of God's kingdom.

In the gospels we read that Jesus was good to everyone.

Jesus is our Savior and shares with us the good news that God loves, forgives, and cares for all of us.

## Review

**1.** What is the incarnation?

**2.** What is the good news of Jesus?

**3.** Name ways you can share in the kingdom of God.

**4.** How does it feel to know we have a Savior who knows how it feels to be human?

◆◆◆◆◆◆◆◆ **Family Note** ◆◆◆◆◆◆◆◆

The focus of this lesson is that Jesus Christ, the Son of God, was born into our human family and that He preached about the kingdom of God. Discuss with your child ways that we can all, in our everyday lives, work for God's kingdom. Close by praying together the prayer of this lesson.

# Jesús es nuestro Salvador

## Nueva vida

"¡Es una niña! Está bien y es preciosa", exclamó el Dr. Juan a través de su máscara de cirujano. Levantó a la recién nacida para que los felices padres la pudieran ver.

El doctor salió de la sala a ver a otros pacientes y pensó en el momento cuando le enseñó a los padres la bebé. Aunque había ayudado a nacer a más de cien bebés a este mundo, el nacimiento de una nueva criatura lo emocionaba mucho. Siempre le parecía como un milagro.

La última visita del Dr. Juan fue para ver a un amigo, don Gregorio, un señor de avanzada edad que estaba muriendo. El Dr. Juan creía que su amigo no iba a vivir durante el transcurso de la noche. Se quedó con el anciano por mucho tiempo, haciendo que se sintiera lo más cómodo posible. De momento, don Gregorio abrió los ojos, sonrió al doctor y murió.

Esa noche, el Dr. Juan no pudo dormir. Finalmente, se dio cuenta del por qué. Ese día, había ayudado a un bebé a nacer y a su amigo a prepararse para la muerte y la nueva vida que iba a venir después de la muerte.

Todo esto le pareció al Dr. Juan como una bendición de Dios. El había visto el significado de la vida.

¿Has tenido en tus brazos a un bebé?

¿Cómo te sentiste?

¿Qué significan las palabras "nueva vida" para ti?

¿Qué quiere decir vivir para siempre?

## APRENDEREMOS

1 **Jesús nos dio la Eucaristía en la Ultima Cena.**

2 **Jesús murió en la cruz para salvarnos.**

3 **Jesús resucitó de la muerte para darnos nueva vida.**

# Jesus Is Our Savior

## New Life

"It's a girl! She's fine, and she's beautiful," shouted Dr. Jason through his surgical mask. He held up the newborn child for her happy parents to see.

As the doctor went to check on his other patients, he thought of that moment when he showed the baby to her parents.

### Vocabulary

**Holy Thursday**
the day on which we remember that Jesus gave us the Eucharist at the Last Supper

**Good Friday**
the day on which we remember that Jesus died for us

**Easter Sunday**
the day on which we celebrate the resurrection of Jesus from the dead

Even though he had brought hundreds of babies into this world, that moment still thrilled him—seeing a new life at the instant of birth. It seemed like a miracle to him.

Dr. Jason's last stop was to visit a friend. Mr. Gregg was an elderly gentleman who was dying. Dr. Jason believed his friend would not live through the night. He stayed with the old man for a long time, making him as comfortable as possible. Suddenly Mr. Gregg opened his eyes. He smiled at Dr. Jason. Then the elderly man died.

That night Dr. Jason could not sleep. He thought about everything that had happened. In one day he had helped a baby be born. He had also helped a friend prepare for death and for the new life that was to come. Dr. Jason felt blessed.

Have you ever held a new baby? How did it make you feel?

What do the words "new life" mean to you?

What does it mean to live forever?

### WE WILL LEARN

1 Jesus gave us the Eucharist at the Last Supper.

2 Jesus died on the cross for our salvation.

3 Jesus rose from the dead and brought us new life.

# 1 Jesús nos dio la Eucaristía en la Ultima Cena.

La noche antes de su muerte Jesús nos dio el regalo de sí mismo. Hizo esto en una comida especial con sus amigos. Llamamos a esa comida la Ultima Cena.

Durante la Ultima Cena, Jesús tomó pan y dijo: "Tomen y coman, este es mi cuerpo". Luego tomó una copa de vino y dijo: "Beban, esta es mi sangre, que será derramada por ustedes. Hagan esto en memoria mía". Llamamos a este regalo del cuerpo y la sangre de Jesús, *Eucaristía.* Por medio de este don, Jesús estaría presente con sus seguidores durante toda la vida.

Cada año, el Jueves Santo, celebramos en forma especial lo que Jesús hizo por nosotros en la Ultima Cena. Dondequiera que participamos de la Misa, recibimos el Cuerpo y la Sangre de Jesucristo en la Eucaristía y somos fortalecidos para vivir como sus seguidores.

¿Qué hizo Jesús el Jueves Santo?

¿Imagínate por un momento que estás en la Ultima Cena, cómo te sientes?

# 1 Jesus gave us the Eucharist at the Last Supper.

◆◆◆◆◆◆◆◆◆◆◆◆◆◆◆◆◆◆◆◆◆◆◆◆

On the night before He died for us, Jesus gave us the gift of Himself. He did this at a special meal He had with His friends. We call this meal the Last Supper.

During the Last Supper, Jesus took bread and said, "Take this and eat it, for this is my body." Then Jesus took a cup of wine and said, "Drink this, for this is the cup of my blood, which will be shed for you. Do this in memory of me." We call this gift of Jesus' Body and Blood the *Eucharist*. Through this gift of Himself, Jesus would be truly present with His followers for all time.

Each year on Holy Thursday evening, we celebrate in a special way what Jesus did for us at the Last Supper. Whenever we participate in the Mass, we receive the Body and Blood of Christ in the Eucharist and are strengthened to live as Jesus' followers.

What did Jesus do on Holy Thursday?

Imagine you are at the Last Supper. How do you feel?

## Do You Know?

Each year on Good Friday we remember that Jesus loved us so much that He was willing to suffer and die for us. In our homes and churches, we have crosses with the figure of Jesus on them. We call these crucifixes. They remind us that Jesus died for us. He is our Savior.

## 2 Jesús murió en la cruz para salvarnos.

◆◆◆◆◆◆◆◆◆◆◆◆◆◆◆◆◆◆◆◆◆◆◆

Jesús nos amó tanto que estaba dispuesto a morir por nosotros para salvarnos del pecado. Después de la Ultima Cena, Jesús fue con sus amigos a orar a un jardín. Mientras estaban ahí fue arrestado por las autoridades. Ellos no creían que El era el Hijo de Dios. Después que lo azotaron y se burlaron de El, los soldados le pusieron una corona de espinas en la cabeza. Lo forzaron a cargar una pesada cruz hacia el Calvario, una montaña en las afueras de Jerusalén. Jesús, nuestro Salvador, fue clavado en la cruz para que muriera. El fue crucificado y sus amigos lo abandonaron.

Mientras Jesús estuvo clavado en la cruz, perdonó a aquellos que lo habían crucificado. El oró: "Padre, perdónalos porque no saben lo que hacen" (Lucas 23:34).

Jesús había dicho con frecuencia a sus amigos que perdonaran a sus enemigos. Ahora con su propio ejemplo, les mostraba la forma de hacerlo.

¿Por qué Jesús fue crucificado?

¿Has perdonado a alguien que ha sido injusto contigo?

## 2 Jesus died on the cross for our salvation.

◆◆◆◆◆◆◆◆◆◆◆◆◆◆◆◆◆◆◆◆◆◆◆◆◆◆◆◆◆◆

Jesus loved us so much that He was willing to die for us to save us from sin. After the Last Supper, Jesus went to pray in a garden with His friends. While they were there, Jesus was arrested by the authorities. They did not believe He was the Son of God. After beating Him and making fun of Him, some soldiers put a crown of thorns on Jesus' head. They forced Jesus to carry a heavy cross to Calvary, a hill outside Jerusalem. Jesus our Savior was crucified—nailed to a cross—and left to die. Even His followers abandoned Him.

While Jesus was nailed to the cross, He forgave those who had crucified Him. He prayed: "Father, forgive them; they do not know what they are doing."
From Luke 23:34

Jesus had often told His friends to forgive their enemies. Now, by His own example, He showed them the way to do this.

Why was Jesus crucified?

Have you ever forgiven someone who treated you unfairly? Tell about it.

# 3 Jesús resucitó de la muerte para darnos nueva vida.

◆◆◆◆◆◆◆◆◆◆◆◆◆◆◆◆◆◆◆◆◆◆◆◆

En la mañana del domingo después de su muerte, algunas mujeres, discípulos de Jesús, fueron a la tumba donde habían enterrado a Jesús. ¡Estaba vacía! Ellas pensaron que alguien había robado el cuerpo. Jesús había resucitado y se apareció a algunos de sus discípulos. Todos estaban llenos de emoción y alegría. ¡Jesús estaba vivo!

Por su muerte y resurrección Jesús nos salvó del poder del pecado y la muerte. Jesús prometió a sus fieles discípulos que un día compartirían esa resurrección y tendrían vida eterna. Por Jesucristo, participamos de la vida de Dios. Ahora viviremos por siempre con Dios después de nuestra vida en la tierra. Celebramos la fiesta de resurrección el Domingo de Pascua.

Para los católicos, el tiempo más importante del año eclesiástico es la celebración de la muerte y resurrección de Jesús. Llamamos a este tiempo *Triduum Pascual* (Triduo Pascual) y se inicia con la Misa del Jueve Santo y termina con las oraciones en la tarde del Domingo de Resurrección.

¿Qué pasó el Domingo de Pascua?

Explica que es el Triduum Pascual.

# 3 Jesus rose from the dead and brought us new life.

◆◆◆◆◆◆◆◆◆◆◆◆◆◆◆◆◆◆◆◆◆◆◆◆◆◆

Early on the Sunday morning after Jesus died, some women followers of Jesus went to the tomb in which He had been buried. It was empty! They thought someone had stolen Jesus' body. But Jesus had risen from the dead. Soon the risen Jesus appeared to His followers. They were filled with excitement and joy. Jesus was alive!

Through His death and resurrection, Jesus saved us from the power of sin and death. Jesus promised that His faithful followers would also share in His resurrection and have eternal life. Through Jesus, our risen Savior, we share in God's own life now and will live forever with God after our life on earth. We celebrate the feast of the resurrection on Easter Sunday.

For Catholics, the most important time of the year is the celebration of Jesus' saving death and resurrection. We call this time the *Easter Triduum*. Triduum means three days. The Easter Triduum begins with the Evening Mass of the Lord's Supper on Holy Thursday, continues through Good Friday and Holy Saturday, and ends with Evening Prayer on Easter Sunday.

What happened on Easter Sunday?

Explain the Easter Triduum.

## HE APRENDIDO

Completa lo siguiente.

El _____ _____
recordamos que Jesús nos dio la Eucaristía.

El _____ _____
Recordamos que Jesús murió en la

_____ .

El _____ __ _____

celebramos que Jesús _____ de la
muerte.

Llamamos _____ a la vida de Jesús
después de su muerte.

Ahora, ¿qué significa para ti "nueva vida"?

¿Por qué crees que la Pascua es tan
importante?

## YO HARE

Cada domingo cuando celebramos la
Eucaristía, recordamos que Jesús murió y
resucitó por nosotros.

¿Cómo vas a tratar de recordar esto la
próxima vez que vayas a Misa?

## ORACION

La Iglesia usualmente nos da palabras para
usarlas al rezar. Cuando rezamos juntos como
miembros de la familia de Dios, usamos
oraciones de la Iglesia. Esta es una oración
que rezamos el Viernes Santo.

**"Te adoramos, oh Cristo, y te
bendecimos, porque por tu santa
cruz redimiste al mundo".**

## Recuerda

Jesús nos dio la Eucaristía en la Ultima Cena.
Jesús murió en la cruz y resucitó de la muerte. El
es nuestro Salvador.

## Repaso

1. ¿Qué hizo Jesús en la Ultima Cena?

2. ¿Por qué murió Jesús?

3. ¿Cómo llamamos el día que Jesús resucitó de
la muerte?

◆◆◆◆◆◆ **Nota para la familia** ◆◆◆◆◆◆

El énfasis de esta lección es sobre la
institución de la Eucaristía por Jesús, el
sacrificio de su muerte y su resurrección a
una nueva vida. Use el vocabulario para
repasar con su niño/a lo que aprendió en
la lección.

# I Have Learned

Complete the following.

On _____ _____

we remember that Jesus gave us the Eucharist.

On _____ _____,

we remember that Jesus died on the

_____.

On _____ _____,

we celebrate that Jesus rose from the dead.

We call Jesus' rising to new life after death

the _____.

What does "new life" mean to you now?

Why do you think Easter is so important?

# I Will Do

Each Sunday is like Easter. When we celebrate the Eucharist, we remember that Jesus died for us and rose from the dead.

How will you try to remember this the next time you go to church?

## PRAYER

The Church often gives us words to use when we pray. When we pray together as members of God's family, we use the prayers of the Church. Here is a prayer we pray on Good Friday.

**We adore You, O Christ, and we bless You, because by Your Holy Cross You have redeemed the world.**

## Remember

Jesus gave us the Eucharist at the Last Supper.

Jesus died on the cross and rose from the dead. He is our Savior.

## Review

1. What did Jesus do at the Last Supper?
2. Why did Jesus die?
3. What do we call the day Jesus rose from the dead?

# Revisión de la primera unidad

## Completa las siguientes oraciones.

**1.** La buena noticia del amor de Dios por nosotros es el

_____.

**2.** Un nombre para Dios, quien hizo el universo y todo lo que hay en él es

_____.

**3.** El pecado de nuestros primeros padres el cuál todos compartimos es llamado

_____.

**4.** El día en que recordamos que Jesús nos dio la Eucaristía

_____.

**5.** El poder del amor de Dios en nuestros corazones es llamado

_____.

**6.** Una cruz con la figura de Jesús es llamada

_____.

**7.** El día en que recordamos que Jesús resucitó de entre los muertos

_____.

**8.** El libro de la palabra de Dios es la

_____.

**9.** El Hijo de Dios hecho hombre es el misterio llamado

_____.

**10.** _____ es el día en que recordamos la muerte de Jesús.

## Enumera del 1 al 10 los siguientes eventos bíblicos en el orden en que sucedieron.

**11.** Dios promete enviar a un Salvador. ____

**12.** María dice que sí al mensaje de Dios. ____

**13.** Jesús resucitó de entre los muertos el Domingo de Pascua. ____

**14.** El nacimiento del Hijo Unico de Dios. ____

**15.** Jesús perdonó a los que lo crucificaron. ____

**16.** Jesús nombra a Pedro líder entre los apóstoles. ____

**17.** Jesús pidió a doce de sus amigos que fueran apóstoles, líderes, de los que lo siguieran. ____

**18.** Jesús murió el Viernes Santo. ____

**19.** El ángel Gabriel le trajo un mensaje de Dios a María. ____

**20.** En la Ultima Cena, el Jueves Santo, Jesús nos dio la Eucaristía. ____

**Escribe la palabra o frase que mejor complete cada oración.**

**21.** Dios creó al _____ a su imagen y semejanza.

**22.** Dios creó un _____ donde la gente pudiera vivir en

_____ y alegría.

**23.** Jesús nos prometió que compartiríamos su resurrección y tendríamos

_____ al morir.

**24.** Cristo Jesús se hizo uno de nosotros para mostrarnos como vivir para el

_____ .

**25.** Piensa y luego contesta estas preguntas. ¿Cuál es la buena noticia de Jesús? ¿Qué significa para ti?

_____

_____

_____

_____

_____

_____

_____

# Unit I Test

**Complete each sentence.**

1. The good news of God's love for us

   is the _____.

2. A name for God who made our universe and everything in it is

   _____.

3. The sin of our first parents in which we all share is

   _____.

4. The day on which we remember that Jesus gave us the Eucharist is

   _____.

5. The reign, or rule, of God in our hearts is called the

   _____.

6. A cross with the figure of Jesus on it is called a

   _____.

7. The day on which we remember that Jesus rose from the dead is

   _____.

8. The book of the word of God is the

   _____.

9. The mystery of God becoming one of us in Jesus is the

   _____.

10. The day on which we remember that Jesus died for us is

   _____.

**Put the biblical events in the order in which they happened, using numbers 1 through 10.**

11. God promised to send a Savior. ____

12. Jesus rose from the dead on Easter Sunday. ____

13. Jesus, God's own Son, became one of us. ____

14. Jesus forgave those who crucified Him. ____

15. Jesus made Saint Peter head of the apostles. ____

16. Mary said yes to God's message. ____

17. Jesus asked twelve of His friends to be apostles, leaders of those who followed Him. ____

18. Jesus died on Good Friday. ____

19. The angel Gabriel brought a message from God to Mary. ____

20. At the Last Supper on Holy Thursday, Jesus gave us the Eucharist. ____

Write the word or phrase that best completes each sentence.

**21.** God created _____ in God's image.

**22.** God created a _____ where people would live in

_____ and joy.

**23.** Jesus promised that we will share in His resurrection and have

_____ when we die.

**24.** Jesus became one of us to show us how to live for _____.

**25.** Think first, then answer these questions. What is the good news of Jesus? What does it mean to you?

_____

_____

_____

_____

_____

# Jesús envía al Espíritu Santo

## Una llamada de ayuda

Algunos años atrás un hombre joven, pobre y decepcionado, se detuvo en su iglesia a rezar. El joven quería ser un comediante para hacer reír a las personas, para llevar alegría y buen humor a las vidas de otros. Pero el joven no podía conseguir trabajo porque era un desconocido y nadie quería emplearlo. Esa noche él rezo a San Judas. Le pidió que lo ayudara a emprender la carrera que sabía era la correcta para él. Su nombre era Danny Thomas.

Danny Thomas llegó a ser muy amado y a tener mucho éxito como actor en el cine y la televisión. En agradecimiento a San Judas, construyó un hospital infantil y le puso el nombre del Santo. Aunque Danny Thomas murió, su trabajo de ayudar a niños con cáncer continúa.

¿Has recibido ayuda cuándo la necesitabas? Cuéntanos cómo ocurrió.

## VOCABULARIO

**La Santísima Trinidad**
tres divinas personas en un solo Dios, Dios Padre, Dios Hijo y Dios Espíritu Santo

**Iglesia**
la comunidad de los seguidores de Cristo Jesús que han sido bautizados

**Espíritu Santo**
Dios, la tercera persona de la Santísima Trinidad

ST. JUDE THADDEUS

ST. JUDE HOSPITAL

DANNY THOMAS FOUNDER 1960

## APRENDEREMOS

1 Jesús prometió enviar al Espíritu Santo a sus seguidores.

2 La venida del Espíritu Santo fue en Pentecostés.

3 El Espíritu Santo ayuda a la Iglesia ha crecer.

# Jesus Sends the Holy Spirit

## A Call for Help

Some years ago a young man, poor and discouraged, stopped by his parish church to pray. The young man wanted to be a comedian, to make people laugh, to bring joy to the lives of others. But the young man could not get a job—he was an unknown, and no one would hire him. That night he prayed to Saint Jude. He asked for help to get started in the career that he knew was right for him. His name was Danny Thomas.

Danny Thomas went on to become a well-loved and successful performer in movies and on television. In gratitude to Saint Jude, he built a cancer hospital for children and named it in honor of the saint. Danny Thomas has died, but his work for children continues.

Have you ever received help when you really needed it? Tell about it.

## VOCABULARY

**Blessed Trinity**
the three Persons in one God: God the Father, God the Son, and God the Holy Spirit

**Church**
the community of the baptized followers of Jesus Christ

**Holy Spirit**
God, the third Person of the Blessed Trinity

## WE WILL LEARN

1 **Jesus promised to send the Holy Spirit to His followers.**

2 **The Holy Spirit came on Pentecost.**

3 **The Holy Spirit helps the Church to grow.**

41

*"Yo estoy con ustedes todos los días hasta que se termine el mundo"*.

*"Remember I will be with you always until the end of time."*

# 1 Jesús prometió enviar al Espíritu Santo a sus seguidores.

◆◆◆◆◆◆◆◆◆◆◆◆◆◆◆◆◆◆◆◆◆◆◆◆◆◆◆◆◆

Jesús sabía que la gente iba a necesitar ayuda para vivir como El les había pedido. La noche antes de morir, Jesús prometió enviar a un Defensor, el Espíritu Santo, la tercera persona de la Santísima Trinidad, para que estuviera siempre con ellos. "Y yo rogaré al Padre y les dará otro intercesor que permanecerá siempre con ustedes" (Juan 14:16).

Después que Jesús resucitó de la muerte, se quedó con sus amigos por un tiempo, enseñándoles y ayudándoles. El les pidió que llevaran las "buenas noticias" del amor de Dios a todo el mundo. Jesús dijo, "Yo estoy con ustedes todos los días hasta que se termine el mundo".

Mateo 28:20

Cuarenta días después de la Pascua, Jesús dejó a sus seguidores y subió al cielo con su Padre. El regreso de Jesús al cielo se llama, "*la ascensión*". Mientras tanto sus seguidores reunidos en un mismo lugar esperaban la venida del Espíritu Santo, como El había prometido.

¿Por qué Jesús prometió enviar al Espíritu Santo a sus seguidores?

¿Cómo crees que se sintieron los seguidores de Jesús con esta promesa?

# 1 Jesus promised to send the Holy Spirit to His followers.

◆◆◆◆◆◆◆◆◆◆◆◆◆◆◆◆◆◆◆◆◆◆◆◆◆◆◆

Jesus knew that people would need help in living as He had asked them to live. The night before He died, Jesus promised His followers that He would send them a Helper, the Holy Spirit. The Holy Spirit, the third Person of the Blessed Trinity, would stay with them forever. The Holy Spirit would teach them and help them to remember all that Jesus had told them (from John 14:16, 26).

After Jesus rose from the dead, He stayed with His friends for a while, teaching and helping them. He told them to bring the good news of God's love to all the world.

Jesus said, "Remember, I will be with you always, until the end of time."
Matthew 28:19–20

Forty days after Easter, Jesus returned to His Father in heaven. Jesus' return to heaven is called the *ascension*. His followers, meanwhile, waited for the coming of the Holy Spirit, whom Jesus had promised.

Why did Jesus promise to send the Holy Spirit to His followers?

How do you think Jesus' followers felt about His promise?

43

## 2 La venida del Espíritu Santo fue en Pentecostés.

◆◆◆◆◆◆◆◆◆◆◆◆◆◆◆◆◆◆◆◆◆◆

En la fiesta judía de Pentecostés, los seguidores de Jesús estaban reunidos rezando cuando algo extraordinario pasó.

En la Biblia leemos:

"De pronto vino del cielo un ruido, como el de una violenta ráfaga de viento, que llenó toda la casa donde estaban. Se les aparecieron unas lenguas como de fuego, las que, separándose, se fueron posando sobre cada uno de ellos; y quedaron llenos del Espíritu Santo y se pusieron a hablar idiomas distintos, en los cuales el Espíritu les concedía expresarse".

Hechos 2:2-4

Ese día miles de personas fueron bautizadas y se unieron a la comunidad de Jesús, la Iglesia. Ellos también recibieron los dones del Espíritu Santo.

El día de la venida del Espíritu Santo se llama, *Pentecostés*. Hoy en día, en Pentecostés celebramos el nacimiento de la Iglesia.

¿Por que Pentecostés es llamado "el nacimiento de la Iglesia?"

## ¿ SABES ?

Cuando seguimos la guía del Espíritu Santo desarrollamos doce cualidades conocidas como frutos del Espíritu Santo. Estas cualidades son: caridad, gozo, paz, paciencia, bondad, amabilidad, generosidad, fe, modestia, control, gentileza y castidad.

## The Holy Spirit came on Pentecost.

On the Jewish feast of Pentecost, the followers of Jesus were together, praying and waiting for the Holy Spirit. As they prayed, something astounding happened.

In the Bible we read: "Suddenly there was a noise from the sky. It sounded like a strong wind blowing, and it filled the whole house where they were sitting. Then they saw what looked like tongues of fire that spread out and touched each person there. They were all filled with the Holy Spirit. They began to speak in many languages about Jesus and the great things God had done through Him."
From Acts 2:1–4

That day several thousand people were baptized into the community of Jesus and received the gift of the Holy Spirit. They became members of the Church.

The day the Holy Spirit came to the followers of Jesus is called *Pentecost*. Today we celebrate Pentecost as the birthday of the Church.

Why do you think Pentecost is called the "birthday of the Church"?

**Do You Know?**

When we follow the guidance of the Holy Spirit, we develop certain qualities known as the twelve fruits of the Holy Spirit. These qualities are charity, joy, peace, patience, kindness, goodness, generosity, gentleness, faithfulness, modesty, self-control, and chastity.

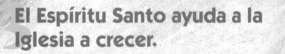

## El Espíritu Santo ayuda a la Iglesia a crecer.

◆◆◆◆◆◆◆◆◆◆◆◆◆◆◆◆◆◆◆◆◆

Pentecostés fue el comienzo de una nueva vida para el pequeño grupo de los seguidores de Jesús. El Espíritu Santo los fortaleció, los llenó de amor y los ayudó a compartir las buenas noticias de Jesús con todos.

Muchos pedían ser bautizados , querían seguir a Jesús y ser parte de su comunidad, la Iglesia. Se reunían a rezar y a celebrar la Eucaristía en memoria de Jesús. La gente empezó a llamar "cristianos" a los que seguian a Jesucristo.

Los primeros cristianos trataban de vivir como Jesús les había enseñado. Los que eran ricos compartían lo que tenían con los que eran

pobres. Los que tenían buena salud atendían a los enfermos o incapacitados. La gente decía de ellos, "¡Mira cómo estos cristianos se aman los unos a los otros!"

Como católicos sabemos que la Iglesia sigue creciendo. Cada uno de nosotros recibe al Espíritu Santo, por primera vez, cuando nos hacemos miembros de la Iglesia por medio del Bautismo. El Espíritu Santo nos ayuda a vivir como seguidores de Jesús.

¿Cómo el Espíritu Santo ayudó a la Iglesia primitiva?

¿Cómo te gustaría que el Espíritu Santo te ayudara?

# 3 The Holy Spirit helps the Church to grow.

◆◆◆◆◆◆◆◆◆◆◆◆◆◆◆◆◆◆◆◆◆◆◆◆◆

Pentecost was the beginning of a new life for the little group of Jesus' followers. The Holy Spirit filled them with courage and love and helped them to share the good news of Jesus Christ with everyone.

More and more people asked to be baptized. They wanted to follow Jesus and to be part of His community, the Church. They gathered together to pray and to celebrate the Eucharist in His memory and to celebrate the presence of the risen Christ among them. People began to call the followers of Jesus Christ "Christians."

The early Christians tried to live according to the teachings of Jesus. The rich shared what they had with the poor. Those who were well took care of the sick or handicapped.

People said of them, "See how these Christians love one another!"

As Catholics, we know that the Church continues to grow. Each of us receives the Holy Spirit for the first time when we become members of the Church at Baptism. The Holy Spirit helps us to live as followers of Jesus and still guides the Church today.

How did the Holy Spirit help the early Church?

How would you like the Holy Spirit to help you?

**47**

# HE APRENDIDO

Vuelve a leer en la Biblia la historia de Pentecostés en Hechos 2:1–11. Luego escribe o cuenta lo que pasó como si tu estuvieras allí presente.

Imagínate contando a un amigo lo mucho que Dios ama a la gente, así como fue mostrado en el primer Pentecostés. ¿Qué le dirías?

## ORACION

La Iglesia nos invita a que comencemos la oración con la Señal de la Cruz. Hacemos la señal de la cruz poniendo nuestra mano derecha en la frente, el pecho y en cada hombro mientras decimos las siguientes palabras: En el nombre del Padre, del Hijo y del Espíritu Santo. Amén.

Oración al Espíritu Santo.

**Ven Espíritu Santo, enciende nuestros corazones con el fuego de tu amor. Amén.**

# YO HARE

Piensa en la historia que escribiste o contaste. ¿Qué puedes hacer esta semana para mostrar que estás contento de ser miembro de la familia de Dios, la Iglesia?

## Recuerda

Jesús prometió enviar al Espíritu Santo a sus seguidores.

La venida del Espíritu Santo ocurrió en Pentecostés.

El Espíritu Santo continúa ayudando a la Iglesia hoy.

## Repaso

1. ¿Por qué Jesús prometió a sus seguidores enviar al Espíritu Santo?

2. ¿Cuándo los seguidores de Jesús recibieron al Espíritu Santo?

3. ¿Cómo cambió el Espíritu Santo a los seguidores de Jesús?

4. ¿Cómo crees que el Espíritu Santo te podría ayudar a cambiar?

### Nota para la familia

El énfasis en esta lección es en la promesa de Jesús de enviar al Espíritu Santo, Pentecostés, y el crecimiento de la Iglesia primitiva. Repase con su niño la historia del primer Pentecostés y luego deje que comparta su propia historia según la escribió en la actividad **He Aprendido**.

# I Have Learned

Reread the Bible story of the first Pentecost in Acts of the Apostles 2:1–11. Tell what happened as if you were there.

Imagine yourself telling a friend about God's love for people as shown on the first Pentecost. What would you say?

# I Will Do

Think about the story you have told. What one thing will you do this week to show you are happy to be a member of the Church?

## Prayer

The Church invites us to begin our prayer with the Sign of the Cross. We make the sign of the cross by placing our right hand on our forehead, chest, and on each shoulder while saying the following: In the name of the Father, and of the Son, and of the Holy Spirit. Amen.

Here is a prayer to the Holy Spirit:
**Come, Holy Spirit, fill our hearts with the fire of Your love. Amen.**

## Remember

Jesus promised to send the Holy Spirit to His followers.

The Holy Spirit came to the followers of Jesus on Pentecost.

The Holy Spirit still guides the Church today.

## Review

1. Why did Jesus promise to send the Holy Spirit to His followers?

2. When did the Holy Spirit come to the followers of Jesus?

3. How did the Holy Spirit change the followers of Jesus?

4. How might the Holy Spirit help you to change?

### Family Note

This lesson focuses on Jesus' promise of the Spirit, on Pentecost, and on the growth of the early Church. Review with your child the story of the first Pentecost, and then let your child share his or her story from the I Have Learned activity.

# 5

# La Iglesia Católica hoy

## Cada domingo en la mañana

Jerry se sentaba en la ventana mirando hacia la iglesia católica que estaba al otro lado de la calle. Jerry no era católico, pero le gustaba levantarse temprano cada domingo y mirar como el vecindario empezaba muy despacio a llenarse de vida.

Jerry había notado las mismas escenas cada domingo en la mañana desde que se habían mudado. Cada pocas horas las campanas de la iglesia sonaban, y entonces la gente empezaba a llegar. Unos venían en carro, en autobús o a pie; solos, de dos en dos o en familia. Un nuevo grupo de personas venía cada una o dos horas y así casi hasta el mediodía.

Jerry deseaba saber que los había traído a la iglesia. ¿Qué será lo que encuentran allí que les atrae?

¿Cómo contestarías las preguntas de Jerry?

Si llevaras a Jerry a la iglesia, ¿qué cosas le enseñarías primero?

## VOCABULARIO

**papa**
obispo de Roma y sucesor de San Pedro que guía y sirve a toda la Iglesia

**obispos**
los sucesores de los apóstoles

**adoración**
honrar y alabar a Dios

## APRENDEREMOS

1 La Iglesia alaba y sirve en todo el mundo.

2 La Iglesia es una, santa, católica, y apostólica.

3 Los líderes apostólicos de la Iglesia son el papa y los obispos.

# The Catholic Church Today

## Every Sunday Morning

Jerry sat at the window, looking at the Catholic church across the street. Jerry was not a Catholic, but he liked to get up early on Sunday mornings and watch the neighborhood slowly come to life.

He had seen the same scenes unfold every Sunday morning since his family had moved here. Every few hours the parish church bells would ring, and then people would start to come. They would come by car, bus, or on foot; alone, in pairs, or with their families. A new group came every few hours until well after noon.

What, Jerry wondered, brought them to this church? What did they find there that made them come?

How would you answer Jerry's questions?

If you took Jerry to your church, what would you point out to him first?

## WE WILL LEARN

1 The Church worships and serves throughout the world.

2 The Church is one, holy, catholic, and apostolic.

3 The apostolic leaders of the Church are the pope and bishops.

## VOCABULARY

**pope**
the bishop of Rome, the successor of Saint Peter who leads and serves the whole Church

**bishops**
the successors of the apostles

**worship**
to praise and honor God

51

# La Iglesia alaba y sirve en todo el mundo.

◆◆◆◆◆◆◆◆◆◆◆◆◆◆◆◆◆◆◆◆◆◆

Los miembros de la Iglesia Católica se reúnen para la adoración en todas las iglesias del mundo.

En nuestras iglesias, estamos rodeados de recuerdos de Dios y de cosas de Dios. El altar es símbolo de Jesús y el lugar donde se celebra la misa. Estatuas de Jesús, María, José, y los santos, velas, cuadros, estaciones de la cruz; todas estas cosas nos recuerdan nuestra relación con la gente santa y las cosas santas. Lo más importante de todo es el Santísimo Sacramento, donde Jesús está realmente presente. El Santísimo Sacramento está guardado en el Tabernáculo.

Todos pueden pertenecer a la Iglesia Católica. Hombres, mujeres, ancianos, niños, jóvenes, personas de todas las nacionalidades y razas, gente que habla diferentes idiomas, todos son bienvenidos. Todos nos reunimos para rezar a Dios. Escuchamos la palabra de Dios de la Biblia, alabamos y damos gracias a Dios, en la Misa.

Nuestra adoración a Dios nos fortalece para amar y servir a los demás. Juntos, salimos a ser testigos del reino de Dios en el mundo.

¿Quién puede pertenecer a la Iglesia Católica?

¿Cómo puede la Iglesia ayudar a nuevos miembros para que se sientan como en casa?

# The Church worships and serves throughout the world.

◆◆◆◆◆◆◆◆◆◆◆◆◆◆◆◆◆◆◆◆◆◆◆◆

The members of the Catholic Church gather to worship in churches all over the world.

In our parish churches, we are surrounded by reminders of God and the things of God. The altar is a symbol of Christ and the place where Mass is celebrated. Statues of Jesus, Mary, Joseph, and the saints, as well as candles, and stations of the cross are reminders of our fellowship with holy people and holy things. Most important of all, Jesus Himself is really present in the Blessed Sacrament, which is kept in the tabernacle.

No one is excluded from belonging to the Catholic Church. Men, women, old people and children, members of all nationalities and races, and people who speak different languages are all welcome. All of us gather to pray to God together. We listen to God's word from the Bible and offer thanks and praise to Him at Mass.

Our worship of God strengthens us to love and serve others. Together we go forth to bring the message of God's kingdom to the world.

Who can belong to the Catholic Church?

How can the Church help new members feel at home?

# La Iglesia es una, santa, católica y apostólica.

◆◆◆◆◆◆◆◆◆◆◆◆◆◆◆◆◆◆◆◆◆◆◆◆◆◆◆◆

El Espíritu Santo ayudó a la Iglesia primitiva a seguir a Cristo, a amar y a servir a los demás, y continúa ayudando a la Iglesia hoy.

Somos miembros de la Iglesia Católica. Como católicos, hay cuatro rasgos especiales que nos muestran el tipo de comunidad que fundó Jesús. Decimos que la Iglesia es *una, santa, católica y apostólica*.

Creemos que la Iglesia es *una*. Profesamos el mismo Credo. Recibimos los mismos sacramentos. Estamos unidos por los mismos líderes, el papa y los obispos.

La Iglesia es *santa*. Esto quiere decir que la Iglesia comparte con toda la gente la santidad de Jesús. La Iglesia nos ayuda a crecer en santidad, a través de la oración, las buenas obras y los sacramentos.

La Iglesia es *católica*, quiere decir abierta a todos y tiene un mensaje para todos. Creemos que todo el mundo está invitado a seguir a Jesús. Nadie es rechazado. La Iglesia es para toda la gente en todos los lugares.

Como católicos, creemos que la Iglesia es *apostólica*. Esto quiere decir que la Iglesia fue fundada por los apóstoles. Hoy el papa lleva a cabo lo misión de Pedro. Los demás obispos llevan a cabo el trabajo de los primeros apóstoles.

Con tus palabras, explica lo que significan las palabras *una, santa, católica* y *apostólica* para ti.

¿Qué puedes hacer para mostrar que te sientes orgulloso/a de pertenecer a la Iglesia Católica?

## ¿SABES?

Todo bautizado seguidor de Cristo lleva a cabo el trabajo de Cristo en el mundo. Todos somos miembros de la Iglesia, sin embargo, los ordenados son llamados a servir en la Iglesia de forma especial.

## 2 The Church is one, holy, catholic, and apostolic.

◆◆◆◆◆◆◆◆◆◆◆◆◆◆◆◆◆◆◆◆◆◆◆◆◆◆◆◆◆◆◆◆

The Holy Spirit helped the early Church to follow Christ and to love and serve others. The Holy Spirit continues to help the Church today.

We are members of the Catholic Church. There are four great identifying marks that show the kind of community Jesus founded. We say that the Church is *one, holy, catholic,* and *apostolic.*

We believe that the Church is *one.* We profess the same creed. We receive the same sacraments. We are united by the leadership of the pope and bishops.

The Church is *holy.* This means that the Church shares with all people the holiness of Jesus Christ. The Church helps us to grow in holiness, especially through prayer, good works, and the sacraments.

The Church is *catholic,* which means that it is open to all and has a message for all people. Catholics believe that all people are invited to be followers of Jesus. No one should be left out. The Church is for all people everywhere.

As Catholics, we believe that the Church is *apostolic.* This means that the Church was founded on the apostles. Today the pope carries on the work of Saint Peter. The other bishops carry on the work of the first apostles.

## Do You Know?

All the baptized followers of Jesus Christ carry on His work in the world. We are all members of the Church. However, those who are ordained are called to a special ministry of service in the Church.

In your own words, tell what the words *one, holy, catholic,* and *apostolic* mean to you.

What can you do to show you are proud to belong to the Catholic Church?

# 3 Los líderes apostólicos de la Iglesia son el papa y los obispos.

◆◆◆◆◆◆◆◆◆◆◆◆◆◆◆◆◆◆◆

Jesús nombró a Pedro para que fuera el lider de la Iglesia. El quería que Pedro y los otros apóstoles, que fueron los primeros obispos, enseñaran a otros todo lo que El les había enseñado.

El papa y los obispos que siguen los pasos de Pedro y los apóstoles son llamados hoy los *sucesores* de los apóstoles. Esto significa que con la ayuda del Espíritu Santo, ellos enseñan, sirven, guían y santifican a la Iglesia como Pedro y los apóstoles lo hicieron. Ellos nos guían a la santidad y a la verdad.

*Consegno delle Chiavi, Perugino, Sistine Chapel, Vatican*

El Santo Padre, el papa, es el sucesor de Pedro y el líder de toda la Iglesia Católica.

¿Cuál es el nombre de nuestro papa?

Los obispos son sucesores de los apóstoles. Hoy en día la mayoría de los obispos enseñan, sirven, y guían grandes partes de la Iglesia llamadas *diócesis*.

Nombra tu diócesis.

Nombra a tu obispo.

Sacerdotes y diáconos son ministros ordenados de la Iglesia que enseñan, sirven y guían en nuestras *parroquias*.

Nombra a tu parroquia.

Nombra a tu párroco y a otros sacerdotes o diáconos de tu parroquia.

Todos estamos unidos al papa, a los obispos, a los sacerdotes y a los diáconos viviendo nuestra fe.

## 3 The apostolic leaders of the Church are the pope and bishops.

◆◆◆◆◆◆◆◆◆◆◆◆◆◆◆◆◆◆◆◆◆◆◆◆◆◆

Jesus named Peter to be the first leader of the Church. He wanted Peter and the other apostles to teach others all that He had taught them.

Today our pope and bishops, who follow in the steps of Peter and the apostles, are called the *successors* to the apostles. This means that, with the help of the Holy Spirit, they teach, serve, lead, and make holy the Church, just as Peter and the apostles did. They lead us in the way of holiness and truth.

Our Holy Father the pope is the successor of Saint Peter and the leader of the whole Catholic Church.

What is the name of our present pope?

Bishops are the successors of the apostles. Today most bishops teach, serve, and lead large parts of the Catholic Church called *dioceses*.

Name your diocese.
Name your bishop.

Priests and deacons are ordained ministers of the Church who teach, serve, and lead in our *parishes*.

Name your parish.
Name your pastor and the other priests and deacons in your parish.

Each of us is united with our pope, bishops, priests, and deacons in living out our faith.

57

# HE APRENDIDO

Escribe el número de la palabra al lado de la definición correcta.

**1.** católica     ___es el sucesor de San Pedro

**2.** papa     ___la Iglesia es para todo el mundo

**3.** obispos     ___la Iglesia comparte la santidad de Jesús

**4.** santa     ___sucesores de los apóstoles

## ORACION

Algunas veces rezamos oraciones de la Biblia. Esta es una de ellas.

**"Señor, amo la casa en que Tú moras y el sitio donde reposa tu gloria".**

Salmo 26:8

# YO HARE

Recordaré que como católico he sido llamado a ayudar y a servir a otras personas como lo hizo Jesús.

Esta semana, ayudaré a

_____

(nombre)

De la siguiente forma:

_____

## Recuerda

La Iglesia alaba y sirve en todo el mundo.

La Iglesia es una, santa, católica y apostólica.

Los líderes apostólicos de la Iglesia son el papa y los obispos.

## Repaso

**1.** Describe lo que significa pertenecer a la Iglesia Católica.

**2.** Nombra las cuatro características de la Iglesia.

**3.** ¿En qué se parecen el papa y los obispos a Pedro y los apóstoles?

### ◆◆◆◆ Nota para la familia ◆◆◆◆

Esta lección describe lo que significa decir que la Iglesia es una, santa católica y apostólica. Anime a su hijo/a a llevar a cabo su decisión de amar y servir a alguien en especial esta semana.

# I HAVE LEARNED

Write the number of the word next to the correct description.

1. catholic      ___ is the successor of Saint Peter

2. pope      ___ the Church is for all people

3. bishops      ___ the Church shares the holiness of Jesus

4. holy      ___ are the successors of the apostles

## PRAYER

Sometimes we pray prayers from the Bible. Here is one of them.

**I love the house where you live, O Lord, the place where your glory dwells.**

Psalm 26:8

# I WILL DO

I will remember that as a Catholic I have been called to help and serve other people as Jesus did.

This week, I will help

_____
(name)

by:

_____.

---

## Remember

The Church worships and serves throughout the world.

The Church is one, holy, catholic, and apostolic.

The apostolic leaders of the Church are the pope and bishops.

## Review

1. Describe what it means to belong to the Catholic Church.

2. Name the four marks of the Church.

3. How are the pope and bishops like Saint Peter and the apostles?

◆◆◆◆◆◆◆ **Family Note** ◆◆◆◆◆◆◆

This lesson describes what it means to say that the Church is one, holy, catholic, and apostolic. Encourage your child to carry out his or her decision to love and serve someone special this week.

# 6

# Los siete sacramentos

## Celebrando

Todos disfrutamos de las celebraciones. Con frecuencia nos reunimos con nuestra familia y nuestras amistades para celebrar eventos importantes en nuestras vidas.

Mira el cuadro en esta página. Muestra las cosas que podemos ver y escuchar en las diferentes celebraciones y por qué cada celebración se está llevando a cabo.

Notarás que hay un espacio vacío en la celebración del día de Acción de Gracias. Escribe algo que puedes ver en ese día.

Escoge algún otro tiempo en que tu familia celebra, por ejemplo, Navidad. Escribe el nombre de la celebración en la gráfica, lo que ves, escuchas, y el por qué celebras.

Imagínate cómo sería la vida sin celebraciones. ¿Cómo te sentirías?

### VOCABULARIO

**signo**
algo que se ve, se escucha, se toca o que podemos saborear que representa algo diferente y más importante

**sacramento**
signo por medio del cual Jesús comparte la vida y el amor de Dios con la Iglesia

### APRENDEREMOS

1 Jesús usó signos para mostrarnos su amor.

2 La Iglesia Católica celebra siete sacramentos.

3 Los sacramentos son signos que nos dan vida.

| Celebración | Signos que vemos | Signos que oímos | Por qué celebramos |
| --- | --- | --- | --- |
| Cumpleaños | velas, pastel | "Feliz cumpleaños" | Mostramos a alguien nuestra alegría por su nacimiento. |
| Acción de Gracias | _____ | "Feliz día de Acción de Gracias" | Damos gracias a Dios por todos sus regalos. |
| _____ | _____ | _____ | _____ |

# The Seven Sacraments

## Celebrating Together

We all enjoy celebrations. We often get together with our family and friends to celebrate important times in our lives.

Look at the chart on this page. Talk about the things that we can see and hear at different celebrations. Tell why each celebration is taking place.

You will notice an empty box in the Thanksgiving celebration. Write in it something you might see on this day.

Choose one other time that your family celebrates—for example, Christmas. Write the name of the celebration on the chart. Talk about what you see and hear, and then tell why you celebrate.

Imagine what life would be like without celebrations. How would you feel?

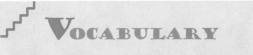

**VOCABULARY**

**sign**
something we see, hear, touch, or taste that stands for something else and points to something more important

**sacrament**
a powerful sign through which Jesus shares God's life and love with us in the community of the Church

**WE WILL LEARN**

1 Jesus used signs to show His love.

2 The Catholic Church celebrates seven sacraments.

3 The sacraments are life-giving signs.

| Celebration | Signs We See | Signs We Hear | Why We Celebrate |
|---|---|---|---|
| Birthday | candles, cake | "Happy Birthday to you" | We tell someone we are happy that he or she was born. |
| Thanksgiving | _____ | "Happy Thanksgiving" | We thank God for all God's gifts. |
| _____ | _____ | _____ | _____ |

# 1 Jesús usó signos para mostrarnos su amor.

◆◆◆◆◆◆◆◆◆◆◆◆◆◆◆◆◆◆◆◆◆◆◆◆

Jesús usó, con frecuencia, signos de vida para mostrar a la gente su profundo amor. Jesús tocó a personas enfermas y las sanó. El fue bueno con la gente que se sentía sola y trajo alegría a sus vidas. Perdonó a los que estaban arrepentidos de sus pecados y dio a la gente una nueva vida.

Jesús nos mostró el poder del amor de Dios con todas las cosas que hizo y dijo.

¿Qué formas especiales usó Jesús para mostrar su amor a la gente?

# 1 Jesus used signs to show His love.

◆◆◆◆◆◆◆◆◆◆◆◆◆◆◆◆◆◆◆◆◆◆◆◆◆◆◆◆◆◆

Jesus often used signs to show people how deeply He loved them. Jesus touched sick people and healed them. He was kind to lonely people and made them happy. He forgave those who were sorry for their sins. He gave people life.

By everything Jesus said and did, He showed us the power of God's love.

In what special ways did Jesus show people that He loved them?

## 2 La Iglesia Católica celebra siete sacramentos.

◆◆◆◆◆◆◆◆◆◆◆◆◆◆◆◆◆◆◆◆◆◆◆◆

La Iglesia Católica tiene siete poderosos signos por medio de los cuales Jesucristo comparte la vida y el amor de Dios con nosotros. Estos signos son los sacramentos. Estos signos son diferentes a cualquier otro porque con ellos Jesús comparte la vida y gracia de Dios con nosotros.

## Los siete sacramentos

| Sacramentos que celebramos | Signos que vemos | Signos que oímos | Por qué celebramos |
|---|---|---|---|
| **Bautismo** | agua | "Yo te bautizo en el nombre del Padre..." | Jesús comparte la vida de Dios con una persona, nos hacemos miembros de la Iglesia. |
| **Confirmación** | unción con aceite | "Recibe ...el Don del Espíritu Santo". | Jesús envía al Espíritu Santo para fortalecernos en forma especial. |
| **Eucaristía** | pan y vino | "Esto es mi Cuerpo. Este... de mi Sangre". | Jesús comparte su Cuerpo y su Sangre con nosotros. |
| **Reconciliación** | el sacerdote hace la señal de la cruz | "Yo te absuelvo de tus pecados..." | Jesús perdona a los que se arrepienten. |
| **Unción de los Enfermos** | el sacerdote unge a la persona enferma | "...te ayude el señor con la gracia..." | Jesús consuela y fortalece a la persona enferma. |
| **Matrimonio** | unión de las manos | "Te recibo a ti, como legítima mujer..." | Jesús bendice el amor del hombre y la mujer. |
| **Ordenes Sagradas** | el obispo impone las manos en la cabeza de la persona que se va a ordenar | silencio seguido de una oración por la persona ordenada | Jesús llama a obispos, sacerdotes y diáconos para ordenarse como ministros de la Iglesia. |

Escoge tres de los sacramentos mencionados arriba. En tus propias palabras describe cada uno. Usa el cuadro para ayudarte.

# 2 The Catholic Church celebrates seven sacraments.

◆◆◆◆◆◆◆◆◆◆◆◆◆◆◆◆◆◆◆◆◆◆

The Catholic Church has seven powerful signs through which Jesus Christ shares God's life and love with us. We call these signs sacraments. These signs are unlike any other signs in our lives. This is because when we celebrate them, Jesus shares with us God's own life of grace.

## The Seven Sacraments

| Sacraments We Celebrate | Signs We See | Signs We Hear | Why We Celebrate |
|---|---|---|---|
| Baptism | water | "I baptize you in the name of the Father...." | Jesus shares God's life with us and we become members of the Church. |
| Confirmation | anointing with oil | "Be sealed with the Gift of the Holy Spirit." | Jesus sends the Holy Spirit to strengthen us in a special way. |
| Eucharist | bread and wine | "This is my body. This is my blood." | Jesus shares His Body and Blood with us. |
| Reconciliation | priest makes the sign of the cross | "I absolve you from your sins...." | Jesus forgives those who are sorry. |
| Anointing of the Sick | priest anoints sick person | "Through this holy anointing may the Lord in his love and mercy help you...." | Jesus comforts and strengthens those who are sick. |
| Matrimony | joining of hands | "I take you for my lawful wife (or husband)...." | Jesus blesses the love of a man and a woman. |
| Holy Orders | bishop lays his hands on head of person being ordained | silence, followed by a special prayer for the person ordained | Jesus calls bishops, priests, and deacons to be the ordained ministers of the Church. |

Choose three of the above sacraments. In your own words, describe each one. Use the chart to help you.

**Confirmación**
**Confirmation**

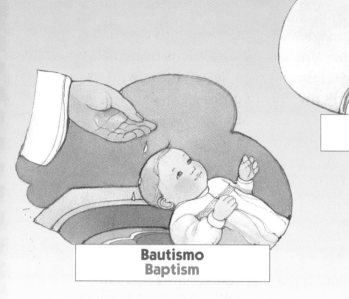

**Bautismo**
**Baptism**

**Eucaristía**
**Eucharist**

# 3 Los sacramentos son signos que nos dan vida.

Los sacramentos son más que signos ordinarios. Porque Jesús está con nosotros en la Iglesia, los sacramentos son signos que verdaderamente nos dan vida. Nos hacen partícipes de la vida misma de Dios. El amor y la vida de Dios en nosotros es llamada gracia. Gracia es participar de la vida divina de Dios.

Al celebrar los siete sacramentos, la Iglesia alaba y adora a Dios. Con estos signos la Iglesia misma es signo de la presencia de Jesús en el mundo.

Somos invitados a llevar la misión de Jesús. Respondemos a nuestra vida sacramental de la forma en que vivimos.

Habla acerca de un sacramento que has recibido.

¿Cómo ha cambiado tu vida después de recibir ese sacramento?

## ¿SABES?

Estos son los nombres de los siete sacramentos que celebra la Iglesia Católica.

Estos tres sacramentos son llamados **sacramentos de iniciación:**

❖ **Bautismo**
❖ **Confirmación**
❖ **Eucaristía**

Estos dos son llamados **sacramentos de sanación:**

❖ **Reconciliación**
❖ **Unción de los Enfermos**

Estos dos son llamados **sacramentos de servicio:**

❖ **Matrimonio**
❖ **Ordenes Sagradas**

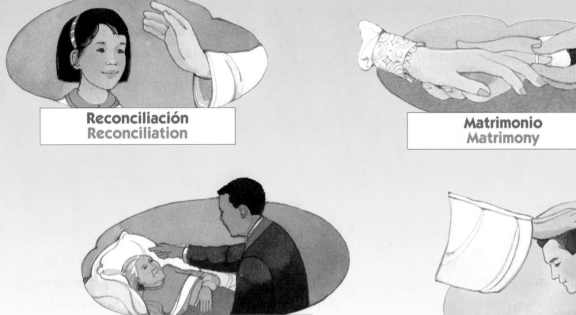

**Reconciliación**
Reconciliation

**Matrimonio**
Matrimony

**Unción de los Enfermos**
Anointing of the Sick

**Ordenes Sagradas**
Holy Orders

## 3 The sacraments are life-giving signs.

The sacraments are more than ordinary signs—they are life-giving signs. This is because they give us a share in God's life. God's life and love in us is called *grace*. Grace is a sharing in the divine life, in God's very life and love.

By celebrating the seven sacraments, the Church worships and praises God. Through these powerful signs, the Church itself becomes a sign of Jesus' presence in the world.

We are invited to carry out the mission of Jesus in the world. We respond to the sacraments by the way we live our lives.

Talk about one of the sacraments that you have received.

How has receiving this sacrament made a difference in your life?

### DO YOU KNOW ?

Here are the names of the seven sacraments that we celebrate in the Catholic Church.

**These three sacraments are known as the sacraments of initiation:**
* Baptism
* Confirmation
* Eucharist

**These two sacraments are known as the sacraments of healing:**
* Reconciliation
* Anointing of the Sick

**These two sacraments are known as the sacraments of service:**
* Matrimony
* Holy Orders

# He Aprendido

Llena los espacios en blanco.

Los ―――――― son ―――――― que nos
            1              2

dan vida instituidos por ――――――.
                              3

La vida de Dios en nosotros se llama

――――――.
    4

Cada sacramento tiene signos que podemos

――――――, ――――――, tocar y saborear.
     5            6

Completa el crucigrama.

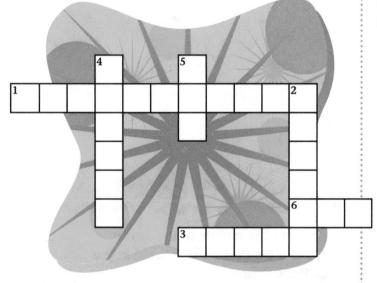

# Yo Hare

Habla con un amigo o un familiar acerca de los sacramentos. Usa la gráfica para ayudarte.

Cuando tengas un encuentro con Jesús en los sacramentos, ¿qué te gustaría decirle?

## Oracion

Antes de rezar debemos dejar de hacer lo que estamos haciendo, estar callados, y pensar en lo que vamos a hacer. Haz esto ahora antes de rezar:

**Dios nuestro Padre, Tú nos ha dado los sacramentos para que tu Iglesia pueda crecer en santidad. En cada sacramento encontramos a Jesús, quien comparte con nosotros tu gracia y vida. Ayúdanos a conocer y a apreciar estos dones.**

## Recuerda

Los sacramentos son signos por medio de los cuales Jesús comparte la vida y el amor de Dios con la Iglesia.

## Repaso

1. ¿Qué es un sacramento?

2. Nombra los siete sacramentos.

3. Piensa en la próxima vez que vas a recibir la Eucaristía o la Reconciliación. ¿Qué puedes hacer para prepararte mejor para recibir estos sacramentos?

### ◆◆◆◆◆◆Nota para la familia◆◆◆◆◆◆

Esta lección enseña que los sacramentos son signos que dan vida y en los cuales Jesús comparte con nosotros su gracia. Ayude a su hijo a entender la lección mostrándole fotos de los familiares recibiendo algún sacramento.

# I HAVE LEARNED

Do the puzzle.

_____ are life-giving _____
    1                              2

given to us by Jesus _____.
                          3

God's life in us is called _____.
                                4

Each sacrament has signs we can

_____, _____, touch or taste.
     5          6

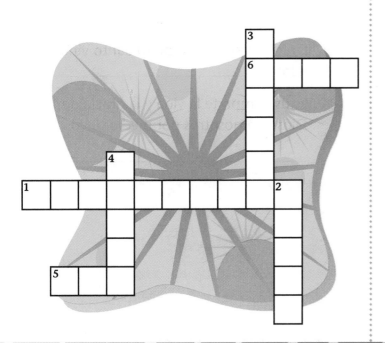

# I WILL DO

Talk to a friend or family member about the sacraments. Use the chart on text page 65 to help you.

When you meet Jesus in the sacraments, what would you like your response to be?

## PRAYER

Before we pray, we should stop, be quiet, and think about what we are going to do. Do that now before you pray.

**God our Father, You have given us the gifts of the sacraments so that Your Church may grow in holiness. In each sacrament we meet Jesus, who shares with us Your life of grace. Help us to know and appreciate these great gifts. We ask this through Jesus Christ, Your Son, our Lord. Amen.**

## Remember

The sacraments are powerful signs through which Jesus shares God's life and love with us in the community of the Church.

## Review

1. What is a sacrament?
2. Name the seven sacraments.
3. Think about the next time you will celebrate Eucharist or Reconciliation.

What can you do to prepare yourself better for these sacraments?

◆◆◆◆◆◆ **Family Note** ◆◆◆◆◆◆

In this lesson your child has learned that sacraments are life-giving signs through which Jesus shares God's life of grace with us. Help your child with this lesson by providing any pictures you have of family members celebrating the sacraments.

**Completa las siguientes oraciones.**

1. Los bautizados seguidores de Jesucristo son llamados _____.

2. El sucesor de Pedro y líder de toda la Iglesia es el _____.

3. Algo que vemos, escuchamos, tocamos saboreamos que representa otra cosa es un _____.

4. La tercera Persona de la Santísima Trinidad es _____.

5. El regreso de Jesús al cielo es llamado _____.

6. Los sucesores de los apóstoles son los _____.

7. La comunidad de seguidores de Jesús que han sido bautizados es la _____.

8. Nos hacemos miembros de la Iglesia por medio del sacramento del _____.

9. En Pentecostés el Espíritu Santo vino a los _____.

10. Jesús comparte la vida y la gracia de Dios con nosotros por medio de los _____.

**Contesta las siguientes preguntas.**

11. ¿Cuáles son los sacramentos de iniciación?

_____

_____

12. ¿Qué significa que la Iglesia es católica?

_____

13. ¿Cuáles son los sacramentos de sanación?

_____

_____

14. ¿A qué ayuda el Espíritu Santo a la Iglesia?

_____

15. ¿Cuáles son los nombres de los sacramentos de servicio?

_____

_____

## Completa las siguientes oraciones.

**16.** Jesús le pidió a sus seguidores que llevaran la _____

_____ del amor de Dios a todo el mundo.

**17.** Después de la ascensión de Jesús, sus seguidores esperaron la llegada del

_____   _____.

**18.** Jesús prometió a sus seguidores que les iba a enviar al

_____ quien estaría con ellos siempre.

**19.** Los _____ son signos con los que la Iglesia celebra y alaba a Dios.

**20.** Los sacramentos de nuestra Iglesia Católica son _____.

**21.** Celebramos _____ como el

_____ de la Iglesia.

**22.** La Iglesia es _____, _____,

católica y _____.

**23.** En cada sacramento, Jesús comparte la gracia de _____

_____ nosotros.

**24.** ¿Por qué el papa y los obispos son importantes en la Iglesia?

_____

**25.** ¿Cómo muestran tus acciones que eres un seguidor de Jesús?

_____

_____

_____

# Unit II Test

## Complete each sentence.

1. The baptized followers of Jesus Christ are called

   ———————————.

2. The successor of Saint Peter and the leader of the whole Church is the

   ———————————.

3. Something we taste, hear, touch, or see that stands for something else is a

   ———————————.

4. God the third Person of the Blessed Trinity is the

   ———————————.

5. Jesus' return to heaven is called the

   ———————————.

6. The successors of the apostles are the

   ———————————.

7. The community of the baptized followers of Jesus Christ is the

   ———————————.

8. We become members of the Church through the sacrament of

   ———————————.

9. On Pentecost the Holy Spirit came to the

   ———————————.

10. Jesus shares God's life of grace with us through the

    ———————————.

## Answer the questions.

11. What are the names of the sacraments of initiation?

    ———————————

    ———————————

    ———————————

12. What do we mean when we say the Church is catholic?

    ———————————

    ———————————

13. What are the names of the sacraments of healing?

    ———————————

    ———————————

14. What is it the Holy Spirit helps the Church to do?

    ———————————

15. What are the names of the sacraments of service?

    ———————————

    ———————————

## Complete each sentence.

16. Jesus told His followers to bring the _____

_____ of God's love to all the world.

17. After Jesus' ascension, His followers waited for the coming of the

_____ _____.

18. Jesus had promised to send a _____ who would teach and guide His followers forever.

19. The _____ are signs which the Church celebrates to

_____ and praise God.

20. There are _____ sacraments.

21. We celebrate _____ as the birthday of the Church.

22. The marks of the Church are _____, _____,

catholic and _____.

23. In each of the sacraments Jesus shares God's _____ with us.

24. Why are the pope and the bishops so important in the Church?

_____

_____

25. How do your actions show that you are a follower of Jesus?

_____

_____

_____

# Prueba para el primer semestre

**Encierra en un círculo en la letra al lado de la frase que completa la oración correctamente.**

1. La palabra evangelio significa
   a. "sígueme".
   b. buenas noticias.
   c. Leer la Biblia diariamente.
   d. rezar tus oraciones cada domingo.

2. La noche antes de morir, Jesús prometió a los apóstoles enviarles
   a. a María.
   b. al papa.
   c. al Espíritu Santo.
   d. al ángel Gabriel.

3. En el plan de Dios los seres humanos
   a. nunca tendrían que pensar.
   b. serían forzados a hacer la voluntad de Dios.
   c. se iban a enfermar y a morir.
   d. serían felices con Dios para siempre.

4. Decir que nuestra Iglesia es apostólica significa que
   a. nuestro papa y los obispos continúan el trabajo de Jesús y los apóstoles.
   b. es una Iglesia pequeña.
   c. sus miembros son líderes.
   d. tiene 3000 años.

5. El ángel Gabriel anunció a María que Dios quería que ella
   a. rezara en la mañana.
   b. fuera la madre de su Hijo.
   c. callara.
   d. le tuviera miedo al ángel.

6. En Pentecostés el Espíritu Santo llenó a los discípulos de:
   a. risa.
   b. miedo.
   c. reglas.
   d. valor y amor.

7. Cuando Jesús enseñó a sus discípulos a tratar a sus enemigos, les dijo
   a. odien a sus enemigos.
   b. perdonen a sus enemigos.
   c. ignoren a sus enemigos.
   d. peleen con sus enemigos.

8. Los sacramentos de iniciación son Bautismo, Confirmación y
   a. Unción de los Enfermos.
   b. Ordenes Sagradas.
   c. Eucaristía.
   d. Reconciliación.

9. Los sacramentos de sanación son Reconciliación y
   a. Unción de los Enfermos.
   b. Eucaristía.
   c. Matrimonio.
   d. Bautismo.

10. El regreso de Jesús con su Padre al cielo es llamado
    a. Pascua.
    b. Pentecostés.
    c. Viernes Santo.
    d. ascensión.

Completa las siguientes citas con palabras de la lista.
Después de cada cita escribe quien la dijo.

| ustedes | sígueme | hacen | soy | Padre | esclava |
|---------|---------|-------|-----|-------|---------|
| haga | mí | Recuerden | perdónalos | final | siempre |

**11.** "Que se _____ en _____ como me has dicho". _____

**12.** "_____, _____, porque no saben lo que _____".

_____

**13.** "_____, yo estaré con _____, hasta el _____

de los tiempos". _____

**14.** "Yo _____ la _____ del Señor". _____

**15.** "Ven y _____". _____

Encierra en un círculo la letra al lado de la frase que completa la oración.

**16.** La Santísima Trinidad es
   **a.** un mandamiento.
   **b.** tres personas divinas en un solo Dios.
   **c.** un sacramento.
   **d.** una promesa.

**17.** Los sacramentos son
   **a.** poderosos signos de la vida y el amor de Dios.
   **b.** reglas que seguimos.
   **c.** nombres de la Iglesia.
   **d.** días de obligación.

**18.** La Biblia es
   **a.** sólo para sacerdotes y lectores.
   **b.** un libro de ciencia.
   **c.** un libro de la palabra de Dios.
   **d.** un regalo del Espíritu Santo.

**19.** El Reino de Dios es
   **a.** un lugar muy bonito en el cielo.
   **b.** el poder del amor de Dios en nuestros corazones.
   **c.** una Obra Coporal de Misericordia.
   **d.** Pedro y los apóstoles.

**20.** Piensa primero. Después contesta la pregunta ¿Eres feliz de ser miembro de la Iglesia Católica? Explica como. (Usa otra hoja de papel si es necesario).

_____

_____

_____

# Summary One Test

Complete each sentence by circling the letter of the correct ending.

1. The word *gospel* means
   a. "Follow Me."
   b. good news.
   c. read the Bible daily.
   d. say your prayers every Sunday.

2. On the night before Jesus died, He promised to send a Helper. That Helper was
   a. Mary.
   b. the pope.
   c. the Holy Spirit.
   d. the angel Gabriel.

3. In God's plan, human beings would
   a. never have to think.
   b. be forced to do God's will.
   c. become sick and die.
   d. be happy with God forever.

4. To say that the Church is *apostolic* means that
   a. our pope and bishops continue the work of Jesus and the apostles.
   b. it is a small church.
   c. its members are leaders.
   d. it is 3000 years old.

5. Through the angel Gabriel, God asked Mary to
   a. pray in the morning.
   b. become the mother of God's Son.
   c. be silent.
   d. fear the angel.

6. At Pentecost the Holy Spirit filled the disciples with
   a. laughter.
   b. fear.
   c. rules.
   d. courage and love.

7. When Jesus told His friends how to treat their enemies, He told them to
   a. hate their enemies.
   b. forgive them.
   c. ignore them.
   d. fight them.

8. The sacraments of initiation are Baptism, Confirmation, and
   a. Anointing of the Sick.
   b. Holy Orders.
   c. Eucharist.
   d. Reconciliation.

9. The sacraments of healing are Reconciliation and
   a. Anointing of the Sick.
   b. Eucharist.
   c. Matrimony.
   d. Baptism.

10. Jesus' return to His Father in heaven is called
    a. Easter morning.
    b. Pentecost.
    c. Good Friday.
    d. the ascension.

Complete the following quotations with words from the list. After each quotation write who said it.

| with | follow | doing | happen | me |
| Remember | am | Father | servant | forgive |
| Me | you | always | end | |

11. "Let it _____ to _____ as _____ have said."

_____

12. " _____, _____ them, they do not know what they are

_____ ." _____

13. " _____ , I will be _____ you _____ until the

_____ of time." _____

14. "I _____ the Lord's _____ ."

_____

15. "Come, _____ _____ ."

_____

Complete each sentence by circling the letter of the correct ending.

16. The Blessed Trinity is
   a. not hard to understand.
   b. three divine Persons in one God.
   c. a sacrament.
   d. a promise.

17. The sacraments are
   a. powerful signs of God's life and love.
   b. rules that we follow.
   c. names for the Church.
   d. celebrations of holy days.

18. The Bible is
   a. just for priests and lectors.
   b. a book of scientific facts.
   c. the book of God's word.
   d. a gift of the Holy Spirit.

19. The kingdom of God is
   a. a beautiful place in the sky.
   b. the reign, or rule, of God in our hearts.
   c. a Corporal Work of Mercy.
   d. Peter and the apostles.

20. Think first, then answer this question. Are you happy to be a member of the Catholic Church? Tell why. (Use another piece of paper if you need to.)

_____

_____

# 7

# Nos hacemos católicos

## ¡Un nuevo miembro de la Iglesia!

Tomás y Elena Vargas estaban tan contentos como lo habían estado hacia dos años en sus bodas. Una vez más estaban rodeados de sus familiares y amigos en la Iglesia del Santo Niño. Esta vez, todos los ojos estaban en su bebé, Miguel. Muy pronto el sacerdote entrará, dará la bienvenida a todos y la celebración comenzará.

"Tomás", murmuró Elena, "en unos pocos minutos, Miguel será bautizado". Tomás miró la carita del bebé y después a todas las caras sonrientes a su alrededor.

"Muy bien", dijo a todos con orgullo. "Vamos todos a dar la bienvenida a Miguel como nuevo miembro de la Iglesia".

¿Te has hecho alguna vez miembro de un grupo?

¿Cómo te sentiste cuando te dieron la bienvenida?

¿Cuál crees es el significado de ser bautizado como miembro de la Iglesia?

### VOCABULARIO

**Bautismo**
sacramento por medio del cual somos liberados del pecado, nos hacemos hijos de Dios y somos acogidos como miembros de la Iglesia

**Confirmación**
sacramento en el cual el Espíritu Santo viene a nosotros de forma especial para darnos el valor de vivir como discípulos de Jesús

### APRENDEREMOS

**1** Nos hacemos miembros de la Iglesia por medio del Bautismo.

**2** El Bautismo nos libera del pecado.

**3** La Confirmación fortalece nuestra fe.

# Becoming Catholic

## A New Member of the Church!

Tom and Ellen Matthews were as happy as they had been on their wedding day two years earlier. Once again they were surrounded by their family and friends in Holy Child Church. This time, all eyes were on their new baby, Michael. Soon the priest would enter the church, welcome everyone, and the celebration would begin.

"Just think, Tom," whispered Ellen, "in a few minutes, Michael will be baptized."

Tom looked down at the tiny face of the baby and then at all the smiling faces around them.

"OK, everybody," he said proudly. "Let's all get ready to welcome Michael as a new member of the Church."

Have you ever joined a new group? How did you feel when you were welcomed?

What do you think it means to be a baptized member of the Church?

### WE WILL LEARN

1 We become members of the Church through Baptism.

2 Baptism frees us from sin.

3 Confirmation makes us strong in our faith.

79

# 1 Nos hacemos miembros de la Iglesia por medio del Bautismo.

◆◆◆◆◆◆◆◆◆◆◆◆◆◆◆◆◆◆◆◆◆

El Bautismo es un hecho importante. Por medio de él nos hacemos miembros de la Iglesia. Pero el Bautismo es mucho más que una simple bienvenida. Es el primer sacramento de iniciación y el inicio de una nueva vida con Dios en la Iglesia.

Por medio del Bautismo nos hacemos hijos de Dios. Se nos da participación en la vida de Dios, que llamamos gracia. Por el Bautismo estamos unidos a Jesús en su muerte y resurrección. Al igual que Jesús morimos al pecado y resucitamos a una nueva vida. El Bautismo es el nacimiento a la vida de Dios. Nos cambia para siempre, es por eso que sólo somos bautizados una vez.

Al iniciar el rito del Bautismo, el sacerdote o el diácono nos da la bienvenida en nombre de toda la comunidad cristiana. Durante la ceremonia, el sacerdote o el diácono derrama agua sobre la cabeza del bautizado o lo sumerge en la pila bautismal, mientras dice: "(nombre), yo te bautizo en el nombre del Padre, y del Hijo y del Espíritu Santo". El agua y estas palabras son los signos del sacramento del Bautismo.

Como la mayoría de nosotros somos bautizados en nuestra infancia, nuestros padres y padrinos prometen ayudarnos a crecer como fieles seguidores de Jesucristo. Cuando somos mayores renovamos nuestras promesas bautismales.

¿Por qué somos bautizados sólo una vez?

¿Cuáles son los signos del Bautismo?

# We become members of the Church through Baptism.

◆◆◆◆◆◆◆◆◆◆◆◆◆◆◆◆◆◆◆◆◆◆◆◆◆◆◆◆

Baptism is an exciting moment. It is a time of welcoming and joy as someone becomes a member of the Church. But Baptism is much more than simply a welcoming. It is the first of the sacraments of initiation—Baptism, Confirmation, and Eucharist—and the beginning of new life with God in the community of the Church.

At Baptism we become children of God. We are given a share in God's very life, which we call grace. By Baptism we are united with Jesus in His death and resurrection. We die to sin and rise to new life, as Jesus did. Baptism is a rebirth into God's life. It changes us forever, and that is why we are only baptized once.

At the beginning of the rite of Baptism, the priest or deacon welcomes us in the name of the whole Christian community. During the ceremony, the priest or deacon pours water over the head of the person being baptized or immerses that person in the baptismal water. As he does this he says, "( _Name_ ), I baptize you in the name of the Father, and of the Son, and of the Holy Spirit." The water and these words are the signs of the sacrament of Baptism.

Because most of us were baptized as infants, our parents and godparents promised to help us to grow each day as faithful followers of Jesus Christ and members of the Church. When we are old enough, we must make this choice and renew our baptismal promises for ourselves.

Why are we baptized only once?

What are the signs of the sacrament of Baptism?

**Christ the Redeemer,**
**Paul Landowski, 1931**

# El Bautismo nos libera del pecado.

◆◆◆◆◆◆◆◆◆◆◆◆◆◆◆◆◆◆◆◆◆◆◆◆◆◆

Durante el Bautismo somos sellados con la señal de la cruz. Nos recuerda que pertenecemos a Cristo, quien vino a salvarnos del pecado. Por el Bautismo somos liberados del pecado original y de cualquier pecado personal.

*Pecado original* es el pecado cometido por nuestros primeros padres. Todos nacemos con este pecado y sufrimos sus efectos. Significa que todo ser humano tiene la tendencia a pecar, elegir lo que es contra la voluntad de Dios. La gracia del Bautismo nos ayuda a resistir los efectos del pecado original. El Bautismo nos libera del pecado y nos ayuda a hacer la voluntad de Dios.

¿Qué es el pecado original?

¿Qué nos hace la gracia del Bautismo?

## ¿ SABES ?

Somos bautizados en el nombre de la Santísima Trinidad — Dios Padre, Dios Hijo, y Dios Espíritu Santo. La Trinidad es una de las verdades básicas de nuestra fe cristiana. Quiere decir que creemos que hay tres personas en un solo Dios.

## 2 Baptism frees us from sin.

◆◆◆◆◆◆◆◆◆◆◆◆◆◆◆◆◆◆◆◆◆◆◆◆◆

At Baptism we are signed with the sign of the cross. This reminds us that we belong to Christ, who came to save us from sin. Through Baptism, we are freed from sin, both original sin and any personal sins we may have committed.

*Original sin* is the sin of our first parents. Every human being is born with and suffers from the effects of this sin. This means that all human beings have a tendency to sin, to choose what is against God's law. The grace of Baptism helps us to resist the effects of original sin. Baptism frees us from sin and enables us to do God's will.

What is original sin?

What does the grace of Baptism do for us?

We are baptized in the name of the three Persons in God—God the Father, God the Son, and God the Holy Spirit. The Blessed Trinity is the basic truth of our Christian faith. It means that we believe that there are three Persons in one God.

## 3 La Confirmación fortalece nuestra fe.

◆◆◆◆◆◆◆◆◆◆◆◆◆◆◆◆

El sacramento de la Confirmación es el segundo sacramento de iniciación. Cuando somos confirmados, el Espíritu Santo viene a nosotros como defensor y guía, para que seamos verdaderos fieles testigos de Cristo. En este sacramento, la persona que está siendo confirmada es marcada o ungida con el santo oleo. Generalmente es un obispo quien confirma y dice: "Recibe por esta señal el Don del Espíritu Santo". Al igual que el Bautismo, la Confirmación sólo se recibe una vez. Desde el momento de la Confirmación, somos sellados con el Espíritu Santo para toda la vida.

Cuando somos confirmados, el Espíritu Santo nos fortalece con dones especiales que nos ayudan a vivir como fieles seguidores y testigos de Cristo Jesús. Estos dones son: sabiduría, fortaleza, entendimiento, consejo, ciencia, temor de Dios y piedad. Puedes mirar estas palabras en el *Glosario* bajo *Dones del Espíritu Santo.*

El Bautismo y la Confirmación son dos sacramentos de iniciación. Con estos sacramentos celebramos nuestra entrada a la Iglesia, como miembros de la familia de Dios. En la próxima lección aprenderemos el tercer sacramento de iniciación, la Eucaristía. Este sacramento nos nutrirá por toda la vida.

¿Qué nos hace el Espíritu Santo cuando recibimos la Confirmación?

¿Qué pueden hacer los católicos confirmados para mostrar que son seguidores de Jesús?

**sabiduría**

**entendimiento**

**consejo**

**fortaleza**

**ciencia**

**piedad**

**temor de Dios**

wisdom

understanding

right judgment

courage

knowledge

reverence

wonder
& awe

## 3 Confirmation strengthens us in our faith.

The sacrament of Confirmation is the second sacrament of initiation. When we are confirmed, God the Holy Spirit comes to us as our Helper and Guide so that we might be true and faithful witnesses of Christ. In this sacrament, the person being confirmed is sealed, or anointed, with holy oil. Ordinarily a bishop confirms and when doing so says, "Be sealed with the Gift of the Holy Spirit." Just as in Baptism, Confirmation is given only once. From the moment of Confirmation, we are sealed with the Holy Spirit for a lifetime.

When we are confirmed, the Holy Spirit strengthens us with special gifts that help us live as faithful followers and witnesses of Jesus Christ. These gifts are: wisdom, understanding, right judgment, courage, knowledge, reverence, and wonder and awe. You can look up these words in the *Glossary* under the entry *Gifts of the Holy Spirit*.

Baptism and Confirmation are two of the three sacraments of initiation. Through these sacraments we begin and celebrate our membership in the Church. In the next lesson we will learn about the third sacrament of initiation, the Eucharist. This sacrament will nourish us for a lifetime.

What does the Holy Spirit do for us in Confirmation?

What can confirmed Catholics do to show they are followers of Jesus?

85

# HE APRENDIDO

Encierra en un círculo en la respuesta correcta.

El primer sacramento de inicición es:

❖ Bautismo.

❖ Confirmación.

❖ Ordenes Sagradas.

El Bautismo nos libera de:

❖ la vida de Dios.

❖ la muerte.

❖ el pecado original.

La Confirmación nos hace:

❖ fieles seguidores de Jesús.

❖ olvidarnos de los demás.

❖ compartir nuestra fe sólo con nuestra familia.

En el Bautismo se nos da la bienvenida a:

❖ un club.

❖ la Iglesia.

❖ nuestra escuela.

¿Por qué debes aprender lo más que puedas sobre lo que es ser católico?

¿Qué es lo que más te gusta de ser católico?

# YO HARE

Indaga sobre tu Bautismo.

¿Tiene tu familia una foto de ese día especial?

¿Quiénes son tus padrinos? Escribe sus nombres.

_____

_____

## ORACION

Cada sacramento es una gran oración. Cuando celebramos los sacramentos, estamos rezando con toda la Iglesia. Vamos a darle las gracias a Dios por los sacramentos.

**Padre, te damos gracias por todos los sacramentos que son signos de tu poder invisible.**

**Ayúdanos a mantener viva la luz de la fe. Haznos verdaderos testigos tuyos y de tu amor por nosotros. Te lo pedimos en nombre de Jesucristo, nuestro Señor. Amén.**

## Recuerda

El Bautismo nos libera del pecado, nos hace hijos de Dios y miembros de la Iglesia.

En la Confirmación el Espíritu Santo viene a nosotros en forma especial.

## Repaso

1. ¿Qué pasa en el sacramento del Bautismo?

2. ¿Para qué nos fortalece el Espíritu Santo en la Confirmación?

3. ¿Qué puedes hacer para compartir la fe con los demás?

◆◆◆◆◆◆ **Nota para la familia** ◆◆◆◆◆◆

En esta lección se explican los sacramentos del Bautismo y la Confirmación. Anime al niño a compartir con usted lo que significan estos sacramentos para él.

# I Have Learned

Circle the correct answer.

The first sacrament of initiation is
- Baptism.
- Confirmation.
- Holy Orders.

Baptism frees us from
- God's life.
- death.
- original sin.

Confirmation makes us
- faithful followers of Jesus.
- forget about others.
- share our faith only with our family.

In Baptism we are welcomed into
- a club.
- the Church.
- our school.

Why must you learn as much as you can about being a Catholic?

What do you like most about being a member of the Church?

# I Will Do

Find out all you can about your own Baptism. Does your family have any pictures to recall that special day?

Who are your godparents? Write their names here.

_____

_____

## Prayer

Each sacrament is a great prayer. When we celebrate the sacraments, we are praying with the whole Church. Let us thank God for the sacraments.

**Father, we thank You for the sacraments, which are signs of Your unseen power.**

**Help us to keep alive the light of faith in us. Make us true witnesses to You and to Your love for us. We ask this through Jesus Christ our Lord. Amen.**

## Remember

In Baptism we are freed from sin, become children of God, and are welcomed as members of the Church.

In Confirmation the Holy Spirit comes to us in a special way.

## Review

1. What happens in the sacrament of Baptism?

2. What does the Holy Spirit strengthen us to do in Confirmation?

3. What can you do to share your faith with others?

◆◆◆◆◆◆◆ **Family Note** ◆◆◆◆◆◆◆

In this lesson, your child has learned about the sacraments of Baptism and Confirmation. Encourage him or her to spend time talking with you about what it means to be baptized and confirmed.

# 8

# El sacramento de la Eucaristía

## El mejor regalo

Que emocionante es encontrar un regalo con nuestro nombre en él. A todos nos encanta abrir un regalo para ver lo que hay dentro.

Cuando amamos a las personas queremos escoger el mejor regalo para ellas. Tratamos de conseguir algo que las alegre.

Hay algunos regalos que no pueden ponerse en una caja. No podemos poner una sonrisa en una caja tampoco amarrar una cinta a un abrazo, pero un abrazo o una sonrisa son regalos maravillosos.

El mejor regalo que podemos dar a los demás, es el regalo de nosotros mismos. Cuando amamos a los demás, les damos nuestro amor y nuestro tiempo. Escuchamos sus historias. Lloramos con ellos cuando están tristes. Nos reímos con ellos cuando están contentos.

¿Cuál es el mejor regalo que has recibido?

¿Por qué?

¿Cómo puedes ser un regalo para otra persona?

## VOCABULARIO

**Eucaristía**
el sacramento del Cuerpo y la Sangre de Cristo

**Misa**
nuestra celebración de la Eucaristía y nuestra mayor oración de gracias y alabanza a Dios

## APRENDEREMOS

1 **Jesús se da a sí mismo en la Eucaristía.**

2 **Celebramos la Eucaristía en la Misa.**

3 **La Eucaristía es un sacrificio y una comida.**

# The Sacrament of the Eucharist

## The Best Gift

How exciting it is to find a gift with your name on it. Everyone loves to open a gift and find out what is inside.

When we love people we want to choose the best gifts for them. We look for things that will make them happy.

There are some gifts that cannot be put in a box. We cannot put a smile in a box, but a smile is a wonderful gift. We cannot tie a bow on a hug, but a hug is a wonderful gift.

The best gift we can give others is ourselves! When we love others, we give them our love and our time. We listen to their stories. We cry with them when they are sad. We laugh with them when they are happy.

What is the best gift you have ever received? Why?

Have you ever thought of yourself as a gift? In what way?

## VOCABULARY

**Eucharist**
the sacrament of the Body and Blood of Christ

**Mass**
our celebration of the Eucharist and our greatest prayer of thanks and praise to God

## WE WILL LEARN

1 Jesus gave us Himself in the Eucharist.

2 We celebrate the Eucharist at Mass.

3 The Eucharist is both a sacrifice and a meal.

# 1 Jesús se da a sí mismo en la Eucaristía.

◆◆◆◆◆◆◆◆◆◆◆◆◆◆◆◆◆◆◆◆◆◆

El sacramento de la Eucaristía es el centro de la vida católica. Es también el tercer sacramento de iniciación. La palabra *Eucaristía* significa "dar gracias". Cuando celebramos este sacramento, damos gracias a Dios por el gran regalo de Jesús.

Cuando Jesús estaba con sus apóstoles El se proclamó como el Pan de Vida. Jesús siempre se preocupó por los demás, sanó a los enfermos y perdonó a los pecadores. El quería que nos amáramos unos a otros como El nos amó. La señal más grande de su amor fue ofrecer su vida por nuestros pecados, se sacrificó por nosotros El hizo eso sufriendo, muriendo y resucitando.

Sabemos que Jesús quería que recordáramos su amor y que El estaría con nosotros siempre.

Es por eso que la noche antes de morir, en la Ultima Cena, nos dio la Eucaristía, el regalo de sí mismo. Cuando nos dio su Cuerpo y Sangre, Jesús dijo que lo hiciéramos en su memoria.

Desde la Ultima Cena, la comunidad de la Iglesia continúa celebrando la Eucaristía en memoria de Jesús. En la Misa ofrecemos el pan y el vino a Dios. Por medio de las palabras y acciones del sacerdote y el poder del Espíritu Santo, el pan y el vino se convierten en el Cuerpo y la Sangre de Cristo.

Jesús continúa dándose a sí mismo en este sacramento. Cuando recibimos la Santa Comunión, recibimos el Cuerpo y la Sangre de Cristo.

¿Cuál fue el regalo que Jesús nos dio en la Ultima Cena?

¿Por qué continuamos celebrando la Eucaristía?

*The Last Supper*, **Phillipe de Champaigne, circa 1648**

# 1 Jesus gave us Himself in the Eucharist.

◆◆◆◆◆◆◆◆◆◆◆◆◆◆◆◆◆◆◆◆◆◆◆◆

The sacrament of the Eucharist is at the very heart and center of Catholic life. It is also the third of the sacraments of initiation. The word *Eucharist* means "to give thanks." When we celebrate this sacrament, we give thanks to God for the greatest gift we can ever receive, the gift of Jesus Himself.

When Jesus was with His apostles, He called Himself the Bread of Life. Jesus was always caring for others, healing the sick, and forgiving sinners. He wanted us to love one another as He loved us. The greatest sign of His love was that He offered His life for our sins. He sacrificed Himself for us. He saved us by His suffering, death, and resurrection.

We know that Jesus wanted us to remember His love and to be with us always. That is why He gave us the Eucharist, the gift of Himself, at the Last Supper on the night before He died. When He gave us His Body and Blood, Jesus said to do this in memory of Him.

Ever since that Last Supper, the community of the Church has continued to celebrate the Eucharist in memory of Jesus. At Mass we offer bread and wine to God. Through the words and actions of the priest and the power of the Holy Spirit, the bread and wine become the Body and Blood of Christ.

Jesus continues to give Himself to us in this great sacrament. When we receive Holy Communion, we receive the Body and Blood of Christ.

What gift did Jesus give us at the Last Supper?

Why do we continue to celebrate the Eucharist?

## Celebramos la Eucaristía en la Misa.

Después de la muerte y resurrección de Jesús, sus amigos se reunían con frecuencia para rezar y recordar lo que Jesús les había dicho. Sabían que el Señor resucitado estaba con ellos en la "fracción del pan", otro nombre que ellos usaban para la Eucaristía. Ellos compartían el Cuerpo y Sangre de Cristo bajo las especies de pan y vino. Ellos estaban muy contentos porque Jesús se había quedado con ellos en la Eucaristía.

Hoy, los amigos de Jesús siguen celebrando la Eucaristía. El sacerdote dice las palabras que Jesús dijo en la Ultima Cena sobre el pan y el vino, que se transforman en el Cuerpo y la Sangre de Jesús. Jesús nos da el regalo de sí mismo para nutrirnos y para ayudarnos a vivir como miembros de su Iglesia.

La celebración de la Eucaristía es llamada la Misa. La Misa es nuestra gran oración de alabanza y de acción de gracias a Dios. Por eso es que la Iglesia requiere que todos los católicos participen de la Misa todos los domingos o el sábado en la tarde.

Cuando participamos de la Eucaristía en nuestra parroquia, mostramos que apreciamos el gran regalo de sí mismo que Jesús nos ha dado.

¿Qué pidió Jesús a sus amigos en la Ultima Cena?

¿Por qué debemos participar en la Misa los sábados o domingos y si podemos durante la semana?

### ¿ SABES ?

Como señal de respeto y para recordarnos el alimento espiritual que vamos a recibir, la Iglesia nos pide que no comamos o bebamos (excepto agua o medicina) una hora antes de recibir la Santa Comunión. Esto es llamado ayuno eucarístico.

## We celebrate the Eucharist at Mass.

◆◆◆◆◆◆◆◆◆◆◆◆◆◆◆◆◆◆◆◆◆◆◆◆◆◆◆

After the death and resurrection of Jesus, His friends often came together to pray and to remember what Jesus had told them. They came to know that the risen Jesus was with them in the Breaking of the Bread, another name they used for the Eucharist. They shared the Body and Blood of Christ under the appearances of bread and wine. They were happy that Jesus still remained with them in the Eucharist.

Today, the friends of Jesus still celebrate the Eucharist together. The priest says the words over the bread and wine that Jesus said at the Last Supper. The bread and wine become Jesus' Body and Blood. Jesus gives us the gift of Himself to nourish us and to help us live as members of His Church.

The celebration of the Eucharist is called the *Mass.* The Mass is our great prayer of praise and thanks to God. That is why the Church requires that all Catholics join with others to take part in the Mass every Saturday evening or Sunday.

When we take part in our parish celebration of the Eucharist, we show that we appreciate the great gift Jesus has given us—the gift of Himself.

What did Jesus ask His friends to do during the Last Supper?

Why should we take part in the Mass every Saturday evening or Sunday and as often as we can during the week?

**DO YOU KNOW ?**

As a sign of respect and to remind us of the spiritual nourishment we are about to receive, the Church asks us not to take any food or drink (except water or medicine) for one hour before receiving Holy Communion. We call this the eucharistic fast.

# 3 La Eucaristía es un sacrificio y una comida.

◆◆◆◆◆◆◆◆◆◆◆◆◆◆◆◆◆◆◆◆◆◆◆◆

La Eucaristía es un sacrificio y una comida. En la Eucaristía compartimos el sacrificio de Cristo. Damos gracias y celebramos la muerte y resurrección de Jesús. En este sacrificio adoramos a Dios y recordamos todo lo que Jesús hizo por nosotros. En la Eucaristía nos ofrecemos a nosotros mismos con Jesús a Dios. Cuando celebramos la Eucaristía oramos al Padre, por medio del Hijo y en unidad con el Espíritu Santo.

El sacramento de la Eucaristía es también una comida sagrada. En este sacramento recibimos el regalo de Jesús, quien se ofreció a nosotros como una comida. Jesús está realmente presente en la Eucaristía. Compartir la Eucaristía nos hace uno con Dios y con los demás en la Iglesia.

Nos reunimos como la comunidad de discípulos de Jesús para celebrar la Eucaristía en la Misa. Recordamos que Jesús nos amó tanto que se sacrificó por nosotros muriendo en la cruz para salvarnos de nuestros pecados. Por medio de la Eucaristía nos convertimos en un sacrificio vivo de alabanza.

Recordamos que Jesús resucitó de la muerte y ahora está con nosotros en la Eucaristía. Damos gracias a Jesús por el regalo de sí mismo viviendo como sus discípulos.

¿Cómo es la Eucaristía una comida?

¿Cómo es la Eucaristía un sacrificio?

¿Por qué es importante recibir el Cuerpo y la Sangre de Cristo?

# 3 The Eucharist is both a sacrifice and a meal.

◆◆◆◆◆◆◆◆◆◆◆◆◆◆◆◆◆◆◆◆◆◆◆◆

The Eucharist is both a sacrifice and a meal. In the Eucharist we share in the sacrifice of Christ. We give thanks and celebrate Jesus' death and resurrection. In this sacrifice of praise to God, we remember all that Jesus did for us. In the Eucharist we offer ourselves with Jesus to God. When we celebrate the Eucharist, we pray to the Father, through the Son, in the unity of the Holy Spirit.

The sacrament of the Eucharist is also a sacred meal. In this sacrament we receive the gift of Jesus, who gave Himself to us as our food. Jesus is really present in the Eucharist. Sharing in the Eucharist makes us one with God and with all the members of the Church.

We assemble as Jesus' community of disciples to celebrate the Eucharist at Mass. We remember that Jesus loved us so much that He sacrificed Himself for us and died on the cross to save us from our sins. Through the Eucharist we become a living sacrifice of praise.

We remember that Jesus rose from the dead and now remains with us in the Eucharist. We give thanks to Jesus for the gift of Himself by living as His disciples.

How is the Eucharist a meal? a sacrifice?

Why is it important for us to share the Body and Blood of Christ?

## HE APRENDIDO

1. ¿Qué significa la palabra Eucaristía?

   _____

2. ¿Cuándo Jesús instituyó la Eucaristía?

   _____

3. ¿Cómo llamamos a la celebración de la Eucaristía?

   _____

## ORACION

La oración no tiene que ser larga. Esta es una oración corta tomada de la Biblia.

   **¡Ven, Señor, Jesús!**

## YO HARE

¿Cuándo vas a ir a Misa?

Decide cómo te vas a preparar para participar en la Eucaristía.

## Recuerda

La Eucaristía es el sacramento del Cuerpo y la Sangre de Cristo.

Cuando celebramos la Eucaristía en la Misa, estamos unidos con Jesús y con los demás.

La Eucaristía es una comida y un sacrificio.

## Repaso

1. ¿Qué es la Eucaristía?
2. ¿Por qué celebramos la Eucaristía?
3. ¿Cómo es la Eucaristía comida y sacrificio?

4. ¿Cómo puedes dar gracias a Dios por el regalo de Jesús en la Eucaristía?

### Nota para la familia

Esta lección enseña que la Eucaristía es el Cuerpo y la Sange de Jesús, quien nos dio el regalo de sí mismo en la Ultima Cena. Si lo desea puede leer de la Biblia la historia de la Ultima Cena (Lucas 22:14–20).

## I HAVE LEARNED

1. What does the word Eucharist mean?

   _____

2. When did Jesus give us the Eucharist?

   _____

3. What is the celebration of the Eucharist called?

   _____

### PRAYER

Prayers do not have to be long. Here is a short prayer from the Bible.

**Come, Lord Jesus!**

## I WILL DO

When is the next time that you will go to Mass?

Decide now what you will do to prepare better to take part in the Eucharist.

*Thank you*

---

## Remember

The Eucharist is the sacrament of the Body and Blood of Christ.

When we celebrate the Eucharist at Mass, we are united to Christ and to one another.

The Eucharist is both a meal and a sacrifice.

## Review

1. What is the Eucharist?
2. Why do we celebrate the Eucharist?
3. How is the Eucharist a meal and a sacrifice?

4. How can you thank God for the gift of Jesus in the Eucharist?

◆◆◆◆◆◆◆ **Family Note** ◆◆◆◆◆◆◆

This lesson focuses on the Eucharist as the Body and Blood of Jesus, who gave us the gift of Himself at the Last Supper. You might want to tell or read aloud from the Bible the story of the Lord's Supper (Luke 22:14–20).

# La Misa

## Participando

Juanita estaba aburrida. Estaba inquieta y muy distraída. Esto le pasaba con frecuencia cuando iba a Misa.

Juanita prefería estar en la casa escuchando música, riéndose, jugando con sus amigos o haciendo cualquier otra cosa. Pero sus padres le decían que tenía que ir a Misa y "participar".

Juanita sintió que su mamá le tocó el hombro y le dijo: "canta". Entonces Juanita empezó a cantar.

La mamá se puso muy contenta al verla cantando y participando en la Misa. A Juanita le gustaba cantar y de esta manera se sintió como parte de la celebración. Su mamá la miró y sonrió al ver como se había animado a participar. Luego le dijo al oído: "así es hija, participa".

¿Cuál es tu forma favorita de participar en la Misa?

¿Te has aburrido en la Misa? Si esto te ha pasado ¿qué has hecho para solucionarlo?

¿Recuerdas alguna vez en que te has sentido a gusto en la celebración de la Misa? Cuéntanos al respeto.

## VOCABULARIO

**liturgia**
la forma oficial de la Iglesia alabar, incluyendo la celebración de la Misa y los sacramentos

**Santísimo Sacramento**
otro nombre para la Eucaristía

## APRENDEREMOS

1. En la Misa escuchamos la palabra de Dios.

2. En la Misa ofrecemos y recibimos el regalo de Jesús.

3. Llevamos el amor de Dios a los demás.

# The Mass

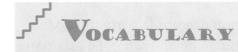

## Taking Part

Joan was bored. She was restless, and her mind kept wandering. This often happened when she was at Mass.

Joan wished she were home, listening to music, laughing, playing with friends—anything. But her mom and dad said she had to go to Mass and "take part."

Joan felt her mom's hand touch her shoulder. Joan stopped fidgeting and met her mom's eyes. "Sing," said her mother. Then she sang "Be…not…afraid…." She nodded for Joan to join in.

Her mom smiled as Joan started to sing. Joan liked to sing. Soon she felt more a part of the celebration. Her mom smiled her encouragement. "That's right," she whispered. "Take part."

What is one way for you to take part at Mass?

Have you ever been bored at Mass? What do you do about it?

Is there a Mass celebration you especially remember? Tell about it.

## VOCABULARY

**liturgy**
the official public worship of the Church, including the celebration of Mass and the other sacraments

**Blessed Sacrament**
another name for the Eucharist

## WE WILL LEARN

1 **At Mass we listen to God's word.**

2 **At Mass we offer and receive the gift of Jesus.**

3 **We bring God's love to others.**

# 1 En la Misa escuchamos la palabra de Dios.

La Misa es la celebración de la Eucaristía. El pueblo de Dios se reúne y se inicia la Misa. Hacemos la señal de la cruz junto con el sacerdote, quien dirige la celebración y nos da la bienvenida en el nombre de Jesús. Juntos, reconocemos nuestros pecados y pedimos perdón a Dios. Alabamos a Dios rezando o cantando el Gloria.

Entonces comenzamos la parte de la Misa llamada, *Liturgia de la Palabra*. En esta parte de la Misa, escuchamos las lecturas de la Biblia, que es la palabra de Dios. Dios nos habla por medio de las lecturas. En ellas escuchamos lo que Dios ha hecho por nosotros y como quiere que vivamos.

Después el sacerdote, o el diácono, explica las lecturas para que las podamos aplicar a nuestras vidas. A esto le llamamos la *homilía*. Juntos rezamos el Credo, en el cual profesamos nuestra fe católica. A continuación oramos por las necesidades de la Iglesia, el mundo y la comunidad.

¿Por qué la Liturgia de la Palabra es tan importante?

¿Por quién o por qué te gustaría rezar la próxima vez que vayas a Misa?

# 1 At Mass we listen to God's word.

◆◆◆◆◆◆◆◆◆◆◆◆◆◆◆◆◆◆◆◆◆◆◆◆◆

The Mass is our celebration of the Eucharist. After God's people have assembled together, the Mass begins. We make the sign of the cross with the priest, who leads our celebration and greets us in Jesus' name. Together, we recall our sins and ask for God's mercy. Then we praise God by saying or singing the Glory to God prayer.

Now we begin the part of the Mass called the *Liturgy of the Word.* During this part of the Mass, we listen to readings from the Bible, the word of God. God speaks to us through these readings. We hear what God has done for us and how God wants us to live.

After the readings, the priest or deacon gives a *homily* and explains their meaning for our lives. Together, we say the Creed, in which we profess our faith in God and in all that the Church teaches. Then we pray together for the needs of the Church, the world, and our local community.

Why is the Liturgy of the Word so important?

For whom or for what would you like to pray the next time you go to Mass?

## 2 En la Misa ofrecemos y recibimos el regalo de Jesús.

◆◆◆◆◆◆◆◆◆◆◆◆◆◆◆◆◆◆◆◆◆◆◆

La segunda parte de la Misa es llamada *Liturgia de la Eucaristía.* Comenzamos la Liturgia de la Eucaristía, presentando nuestros regalos de pan y vino al sacerdote. Estos regalos son una señal de que ofrecemos a Dios todo lo que somos y hacemos. El sacerdote acepta nuestros regalos y prepara el pan y el vino para la celebración Eucarística. Nuestros regalos de pan y vino se convertirán en el Cuerpo y la Sangre de Cristo.

Entonces el sacerdote nos invita a unirnos en la Plegaria Eucarística. El dice y hace lo que Jesús hizo en la Ultima Cena. El dice sobre el pan y el vino, "Esto es mi Cuerpo…Este …de mi Sangre…" El pan y vino se transforman en el Cuerpo y la Sangre de Cristo. A esto le llamamos la consagración. Entonces en nombre de todos los presentes, el sacerdote le da gracias a Dios ofreciendo y levantando el Cuerpo y la Sangre de Cristo. Todos los presentes contestan o cantan Amén. De esta forma termina la Plegaria Eucarística.

Luego rezamos el Padre Nuestro mientras que nos preparamos para recibir la Santa Comunión. Al momento de recibir la Eucaristía nos acercamos al sacerdote o al ministro eucarístico para recibir a Jesús ya sea en las manos o en la boca.

¿Qué regalos ofrecemos a Dios en la Misa?

¿Cuál regalo nos devuelve Dios a cambio?

## ¿ SABES ?

El pan y el vino que ofrecemos en la Misa son hechos en forma especial, porque serán convertidos en el Cuerpo y la Sangre de Cristo. El vino debe ser de uvas sin que se le añada nada. El pan tiene que ser hecho sólo de trigo y *sin levadura,* que quiere decir que no es fermentado.

*Amén*

## 2 At Mass we offer and receive the gift of Jesus.

◆◆◆◆◆◆◆◆◆◆◆◆◆◆◆◆◆◆◆◆◆◆◆◆◆◆◆◆

The next part of the Mass is called the *Liturgy of the Eucharist*. We begin the Liturgy of the Eucharist by presenting our gifts of bread and wine to the priest. These gifts are a sign that we give to God all that we are and do. The priest accepts our gifts and prepares the bread and wine for the Liturgy of the Eucharist. Our gifts of bread and wine will become the Body and Blood of Christ.

Then the priest invites us all to join in the Eucharistic Prayer. He says and does what Jesus did at the Last Supper. He says over the bread and wine, "This is my body.... This is my blood...." The bread and wine become the Body and Blood of Christ. This is called the *consecration*. Then in the name of all those present, the priest gives thanks to God by offering up the Body and Blood of Christ. All present sing or say "Amen" as the Eucharistic prayer ends.

Next we pray the Lord's Prayer together as we prepare to receive Christ in Holy Communion. At the proper time, we go to the priest or eucharistic minister and receive Jesus Himself. We receive Communion either in the hand or on the tongue. We do this reverently and with great joy.

What gifts do we offer to God at Mass?

What gift does God give us in return?

The gifts of bread and wine must be made in a special way because they will become the Body and Blood of Christ. The wine must be made from grapes. The bread is unleavened bread, which does not rise and is made only from wheat and water.

*Amen*

103

# 3 Llevamos el amor de Dios a los demás.

◆◆◆◆◆◆◆◆◆◆◆◆◆◆◆◆◆◆◆◆◆

Al final de la Misa, el sacerdote nos da la bendición y él o el diácono nos dice: "Vayan en paz para amar y servir al Señor".

Tratamos de hacer esto todos los días compartiendo la paz y el amor de Dios con todas las personas. Tratamos de compartir nuestros talentos y nuestro tiempo con ellos, de ayudar a los pobres, a los enfermos, y a los que están solos alrededor de nosotros. Como miembros de la Iglesia tratamos de llevar la paz y el amor de Dios a todas las personas con que nos encontramos. Esto es lo que quiere decir vivir el mensaje de la Eucaristía celebrada y seguir a Cristo.

La próxima vez que vayas a Misa, ¿cómo vas a participar?

¿Cómo puedes vivir la Misa con tu familia? ¿Con tus amigos?

## 3 We bring God's love to others.

◆◆◆◆◆◆◆◆◆◆◆◆◆◆◆◆◆◆◆◆◆◆◆

At the end of Mass, the priest blesses us. Then he or the deacon says, "Go in peace to love and serve the Lord."

We try to do this each day by bringing the peace and love of Jesus to everyone we meet. We try to share our time and talents with them. We try to care for the poor, the sick, and the lonely people around us. As members of the Church, we try to bring God's peace and love to everyone we meet. This is what it means to live the message of the Eucharist we have celebrated and to be followers of Christ.

The next time you go to Mass, how will you take part?

How can you live the Mass in your family? among your friends?

## HE APRENDIDO

Escoge la respuesta correcta y llena el blanco.

1. La Misa es nuestra celebración de la _____.
   a. Iglesia
   b. Eucaristía
   c. Reconciliación

2. Dios nos _____ en la Liturgia de la Palabra.
   a. canta
   b. habla
   c. reza

3. En la Liturgia de la _____, el pan y el vino se transforman en el Cuerpo y la Sangre de Cristo.
   a. Biblia
   b. Palabra
   c. Eucaristía

## YO HARE

Cuando vayas a Misa esta semana escucha con atención las lecturas durante la Liturgia de la Palabra.

¿Nombra algo que aprendiste en esta lección?

Escoge una manera para vivir lo que aprendiste en tu vida diaria.

### ORACION

Una vez los amigos de Jesús vinieron a El y le pidieron que les enseñara a orar. Esta es la oración que Jesús les enseñó.

> Padre nuestro que estás en el cielo,
> santificado sea tu nombre;
> venga a nosotros tu reino;
> hágase tu voluntad en la tierra
> como en el cielo.
> Danos hoy nuestro pan de cada día;
> perdona nuestras ofensas,
> como también nosotros perdonamos
> a los que nos ofenden;
> no nos dejes caer en la tentación,
> y líbranos del mal. Amén.

## Recuerda

En la Misa, escuchamos la palabra de Dios. Ofrecemos los regalos del pan y vino y recibimos el Cuerpo y la Sangre de Cristo en la Santa Comunión. Salimos de la Misa a llevar la paz y el amor de Dios a todos.

## Repaso

1. ¿Qué sucede durante la Liturgia de la Palabra?

2. ¿Qué sucede durante la Liturgia de la Eucaristía?

3. ¿Cómo te habla Dios en la Misa? ¿Cómo puedes mostrarle tu amor a Dios en la Misa?

### ◆◆◆◆Nota para la familia◆◆◆◆

Esta lección explica las diferentes partes de la Misa. Lean juntos el evangelio del domingo y compartan lo que significa para ustedes. Anime al niño a participar activamente en la Misa. Dar el ejemplo es muy importante.

# I HAVE LEARNED

Fill in the blanks by choosing the correct answer from among the words listed.

1. The Mass is our celebration of

   _____.

   **a.** the Church

   **b.** the Eucharist

   **c.** Reconciliation

2. God _____ to us in the Liturgy of the Word.

   **a.** sings

   **b.** speaks

   **c.** prays

3. In the Liturgy of the _____, the bread and wine become the Body and Blood of Christ.

   **a.** Bible

   **b.** Word

   **c.** Eucharist

# I WILL DO

When you go to Mass this week, listen carefully to the readings during the Liturgy of the Word.

What did you learn in this lesson that will help you to appreciate the Mass more?

## PRAYER

The friends of Jesus once came to Him and asked Him to teach them to pray. This is the prayer Jesus taught them.

**Our Father, who art in heaven,
hallowed be thy name;
thy kingdom come;
thy will be done on earth
as it is in heaven.
Give us this day our daily bread;
and forgive us our trespasses
as we forgive those
who trespass against us;
and lead us not into temptation,
but deliver us from evil. Amen.**

## Remember

At Mass, we listen to God's word. We offer our gifts of bread and wine and receive the Body and Blood of Christ in Holy Communion. We go from Mass to bring God's love to others.

## Review

1. What happens during the Liturgy of the Word?

2. What happens during the Liturgy of the Eucharist?

3. How does God speak to you at Mass? How can you show God your love at Mass?

### ◆◆◆◆ Family Note ◆◆◆◆

This lesson explains the different parts of the Mass. You may want to read this Sunday's gospel with your child and talk about what it means to you. Then encourage your child to be an active participant at Mass. Your example in this will be most important.

**Completa las siguientes oraciones.**

**1.** Durante el sacramento de la

_____

el obispo dice: "Queda sellado con el Don del Espíritu Santo".

**2.** El sacramento del

_____

nos hace hijos de Dios y nos libera del pecado.

**3.** La _____
es nuestra gran oración de acción de gracias y alabanzas a Dios.

**4.** El _____
nos fortalece, en forma especial, durante el sacramento de la Confirmación.

**5.** Durante la Liturgia de la

_____

escuchamos la palabra de Dios de la Biblia.

**6.** La _____
es nuestra creencia de que hay tres personas en un solo Dios.

**7.** Cada vez que celebramos la

_____

recordamos y compartimos el sacrificio de Jesús.

**8.** Recibimos el Cuerpo y la Sangre de Cristo Jesús en la

_____.

**9.** La forma oficial en que adoramos a Dios en la Iglesia Católica es

_____.

**10.** Durante la oración

_____

el sacerdote dice y hace lo mismo que Jesús hizo en la Ultima Cena.

Contesta las siguientes preguntas.

**11.** ¿Cuál es el nombre de la celebración de la Eucaristía?

_____

**12.** ¿Cuál sacramento fortalece a los seguidores de Jesús?

_____

**13.** ¿Qué regalo nos da Jesús en la Eucaristía?

_____

**14.** Cuando salimos al final de la Misa, ¿qué es lo que tratamos de llevar a los demás?

_____

**15.** ¿De qué nos libera el Bautismo?

_____

**16.** Cuando somos confirmados, ¿quién viene a nosotros como nuestro Defensor y Guía?

_____

**17.** ¿Cuál es el sacramento que nos acoge o nos da la bienvenida a la Iglesia?

_____

**18.** ¿Cuál es la señal que hacemos al principio de la Misa?

_____

**19.** ¿Qué pasa en cada celebración de la Eucaristía?

_____

**20.** ¿Por qué crees que la Misa es la oración más sublime o más importante de todas?

_____

# Unit III Test

Write the word that best fits each definition.

1. During this sacrament the bishop says, "Be sealed with the Gift of the Holy Spirit."

   _____

2. Through this sacrament, we are made children of God and are freed from sin.

   _____

3. This is our greatest prayer of thanks and praise to God.

   _____

4. This Person of the Blessed Trinity strengthens us with special gifts.

   _____

5. We hear readings from the Bible, the word of God, during this part of the Mass.

   _____

6. This is the belief that there are three Persons in one God.

   _____

7. Each time we celebrate this sacrament, we remember and share in Jesus' sacrifice.

   _____

8. In this, we receive the Body and Blood of Jesus Christ.

   _____

9. This is the official public worship of the Church.

   _____

10. During this prayer, the priest says and does what Jesus did at the Last Supper.

   _____

Answer these questions.

11. What is the name of the celebration of the Eucharist?

   _____

12. What sacrament strengthens us to be followers of Jesus?

   _____

13. What gift does Jesus give us in the Eucharist?

   _____

14. When we leave at the end of Mass, what is it we try to bring to others?

   _____

15. In Baptism, from what are we freed?

   _____

16. When we are confirmed, who comes to us as our Helper and Guide?

   _____

17. What is the sacrament that welcomes us into the Church?

   _____

18. What sign do we make at the beginning of the Mass?

   _____

19. What happens at each celebration of the Eucharist?

   _____

   _____

20. Why do you think the Mass is the greatest prayer of all?

   _____

   _____

# 10

# Los Diez Mandamientos

## Buenas reglas

Era un día de invierno por la tarde, ya oscuro, cuando Pedro terminó su práctica de baloncesto y se dirigía a su casa. Estaba tan envuelto en sus pensamientos que no vió el carro hasta que este se paró a su lado. ¿Quieres que te lleve? Preguntó el hombre.

Pedro lo miró, su corazón estaba agitado. Todas las medidas de seguridad que había escuchado en casa y en la escuela pasaban por su mente. Estaba a punto de echar a correr cuando se encendió la luz dentro del carro. "Pedro, ¿te podemos llevar a casa?" Era su nuevo amigo Miguel López saludándolo desde el auto. Pedro sonrió y dijo mientras se subía al asiento de atrás, "Gracias señor López". "Hiciste muy bien Pedro, fuiste muy listo en asegurarte quienes éramos antes de subir al carro".

¿Qué reglas de seguridad crees que Pedro había escuchado en su casa y en la escuela?

¿Por qué crees que la gente hace reglas para nuestra seguridad?

¿Qué hace que una regla sea buena?

### VOCABULARIO

**Los Diez Mandamientos**
leyes dadas por Dios para ayudarnos a vivir como su pueblo

### APRENDEREMOS

1 **Los Diez Mandamientos nos dicen como vivir como pueblo de Dios.**

2 **Los tres primeros mandamientos nos dicen como debemos amar a Dios.**

3 **Los siete últimos mandamientos nos dicen como amar a los demás y a nosotros.**

# The Ten Commandments

## Good Rules

The late winter day was already dark when Peter finished basketball practice and started home. Peter was so wrapped up in his thoughts that he did not notice the car until it pulled up beside him.

"Would you like a ride?" the man asked.

Peter looked at him, his heart pumping. All the safety warnings he had heard at home and at school went running through his mind. He was about to take off down the street when the light went on inside the car. The man repeated. "Peter, can we give you a lift home?"

Peter saw his new friend Mike Lanson waving to him from the passenger seat.

Peter grinned. "Thanks, Mr. Lanson," he said as he climbed into the back seat. "Good for you, Peter," said Mr. Lanson. "You were wise to make sure who we were before getting into the car."

What safety rules do you think Peter had heard at home and at school?

Why do you think people make rules for our safety?

What makes a rule a good rule?

113

# 1 Los Diez Mandamientos nos dicen como vivir como pueblo de Dios.

◆◆◆◆◆◆◆◆◆◆◆◆◆◆◆◆◆◆◆◆◆

En la Biblia leemos que Dios le dio al pueblo de Israel los Diez Mandamientos o reglas para su seguridad y libertad. Esta es la historia de los Diez Mandamientos.

Hace mucho tiempo, el pueblo de Israel vivía como esclavo de Egipto. Pero Dios había elegido a los israelitas para ser su pueblo, quien lo iba a reconocer y a adorar como único y verdadero Dios. Esto era difícil para los israelitas porque eran esclavos de los egipcios quienes adoraban muchos dioses falsos. Para ayudarlos Dios les dio un gran líder llamado Moisés.

Moisés ayudó a los israelitas a escapar de Egipto. El los guió a un lugar seguro y libre en el desierto.

Dios en cambio les pidió que se unieran a El en un acuerdo solemne, una alianza. Dios dijo; "Ahora, pues, si ustedes me escuchan atentamente y respetan mi alianza, los tendré por mi pueblo entre todos los pueblos" (Exodo 19:5). La gente prometió obedecer y guardar la alianza de Dios. Entonces Dios le dio a Moisés las leyes de la alianza llamadas Los *Diez Mandamientos*. Los Diez Mandamientos ayudarían al pueblo de Dios a mantenerse fiel al único y verdadero Dios y a sentirse libre y seguro.

| ∿ Los Diez Mandamientos ∿∿∿ | ∿ Lo que significan para nosotros ∿ |
|---|---|
| 1. "Yo soy Yavé tu Dios, el que te sacó de Egipto. No tengas otros dioses fuera de mí". | Dios debe estar primero que las personas y que las cosas en nuestras vidas. |
| 2. "No tomes en vano el nombre de Yavé, tu Dios". | Debemos respetar el nombre de Dios, de Jesús y los lugares santos. |
| 3. "Recuerda el día sábado". | Debemos descansar del trabajo y adorar a Dios los domingos y los días de obligación. |
| 4. "Respeta a tu padre y a tu madre". | Debemos amar, honrar y obedecer a nuestros padres. |
| 5. "No mates". | Debemos respetar el regalo de la vida. |
| 6. "No cometas adulterio". | Debemos respetar nuestro cuerpo y el cuerpo de los demás, en pensamientos, polabras y obras. |
| 7. "No robes". | No debemos tomar o destruir lo ajeno. |
| 8. "No des falso testimonio contra tu prójimo". | Debemos respetar la verdad. |
| 9. "No codiciarás la mujer de tu prójimo". | Debemos proteger la santidad del matrimonio y lo sagrado de la sexualidad humana. |
| 10. "No codiciarás. . . nada que sea de tu prójimo". | Debemos respetar los derechos y pertenencias de los demás. |

Exodo 20:2-17

Nombra los Diez Mandamientos. Escoge uno y explica lo que significa para ti.

# 1 The Ten Commandments tell us how to live as God's people.

◆◆◆◆◆◆◆◆◆◆◆◆◆◆◆◆◆◆◆◆◆◆◆◆◆◆

In the Bible we read that God gave the people of Israel the Ten Commandments, or laws, for their safety and freedom. This is the story of the Ten Commandments.

A long time ago the people of Israel lived as slaves in Egypt. But God had chosen the Israelites to be His own people—the ones who would know and worship the one true God. This was hard for them because they were slaves of the Egyptians who worshiped many false gods. To help the Israelites, God gave them a great leader called Moses.

Moses helped the Israelites escape from Egypt. He led them to safety and freedom in the desert.

In return God asked them to join in a solemn agreement, or *covenant*. God said, "If you will obey Me and keep My covenant, you will be My own people, My chosen people" (from Exodus 19:5). The people promised to obey God and keep the covenant. Then God gave Moses the laws of the covenant called the *Ten Commandments*. The Ten Commandments would help God's people remain faithful to the one true God and be truly safe and free.

| The Ten Commandments | What the Commandments Mean for Us |
|---|---|
| 1. I am the Lord your God, who brought you out of slavery. Worship no god except Me. | God must come first in our lives. No one or no thing can be more important to us than God. |
| 2. You shall not misuse the name of the Lord your God. | We must respect God's name, the name of Jesus, and holy places. |
| 3. Remember to keep holy the Sabbath day. | We should rest from work and should worship God together on Sundays and holy days. |
| 4. Honor your father and your mother. | We must love, honor, and obey our parents or guardians. |
| 5. You shall not kill. | We should respect and care for the gift of life. |
| 6. You shall not commit adultery. | We should respect our own bodies and the bodies of others in thought, word, and deed. |
| 7. You shall not steal. | We should not take or destroy what belongs to others. |
| 8. You shall not tell lies against your neighbor. | We should respect the truth. |
| 9. You shall not want to take your neighbor's wife or husband. | We should protect the holiness of marriage and the sacredness of human sexuality. |
| 10. You shall not want to take your neighbor's possessions. | We should respect the rights and property of others. |

From Exodus 20:2-17

Name the Ten Commandments. Choose one commandment and explain what it means to you.

## Los tres primeros mandamientos nos dicen como debemos amar a Dios.

◆◆◆◆◆◆◆◆◆◆◆◆◆◆◆◆◆◆◆◆◆◆◆◆◆

El primer mandamiento nos dice que Dios debe estar primero que cualquier persona o cosa en nuestras vidas. El segundo mandamiento nos recuerda que el nombre del Señor es santo y debe ser usado con amor y respeto.

El tercer mandamiento nos dice que debemos de santificar el día del Señor. Para los católicos el domingo es el día de descanso. Asistiendo a Misa cada domingo es la mejor forma de guardar este día de descanso santo y sagrado.

¿Cómo te ayudan los tres primeros mandamientos a amar más a Dios?

**¿ SABES ?**

Un día un hombre le preguntó a Jesús cuál era el mandamiento más importante de la Ley. Jesús le contestó, "Amarás al Señor tu Dios con todo tu corazón, con toda tu alma y con toda tu mente... y a tu prójimo como a ti mismo" (Mateo 22:37-39). Llamamos a esta ley, *"La Ley del Amor"*.

## 2 The first three commandments tell us how to love God.

◆◆◆◆◆◆◆◆◆◆◆◆◆◆◆◆◆◆◆◆◆◆◆◆◆◆

The first commandment tells us that God must come before everyone and everything else in our lives. The second commandment reminds us that God's name is holy and must be used with love and respect.

The third commandment tells us to "keep holy the Sabbath day." The word Sabbath means "rest." For Catholics, Sunday is the Sabbath day. Going to Mass each Sunday is the best way to keep the Sabbath day holy.

How do the first three commandments help you to love God better?

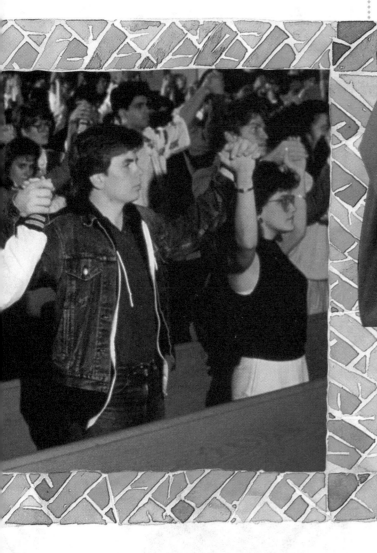

### DO YOU KNOW ?

One day a man asked Jesus which of God's laws was the most important. Jesus answered, "Love the Lord your God with all your heart, with all your soul, with all your mind.... Love your neighbor as you love yourself" (Matthew 22:37–39). We call this the **Law of Love**.

## 3 Los siete últimos mandamientos nos dicen como amar a los demás y a nosotros.

El cuarto mandamiento nos dice que debemos honrar a nuestros padres. Nuestros padres nos dieron la vida, por eso debemos amarlos, respetarlos y cuidar de ellos. Debemos respetar a las personas encargadas de cuidarnos, a nuestros maestros y a las personas mayores de la comunidad.

El quinto mandamiento nos recuerda que toda vida es un regalo de Dios. No debemos hacer nada que pueda perjudicar nuestro cuerpo, nuestra mente, o a otros. El sexto y el noveno mandamientos nos recuerdan que nuestra sexualidad es algo sagrado. Debemos respetar nuestro cuerpo en pensamientos, palabras y obras. El séptimo y el décimo prohíben robar o destruir lo que pertenece a otros.

El octavo mandamiento nos pide decir la verdad. Nos prohíbe la mentira y todo chisme que pueda dañar o herir a otros.

Hoy día, los mandamientos nos enseñan como mantenernos fieles a Dios. Nos ayudan a vivir unidos en paz y amor. Dios nos ha dado estas leyes para nuestra seguridad y libertad.

¿Cómo nos ayudan estos mandamientos a amar más a Dios y a nuestro prójimo?

**3** **The other seven commandments tell us how to love others and ourselves.**

◆◆◆◆◆◆◆◆◆◆◆◆◆◆◆◆◆◆◆◆◆◆◆◆◆

The fourth commandment tells us to honor our parents. Because our parents have given us life, we owe them love, respect, and care. We should also show respect for our guardians, our teachers, and older members of the community.

The fifth commandment reminds us that all life is a gift from God. We must not do anything that would harm others, our bodies, or our minds. The sixth and ninth commandments remind us that our sexuality is something sacred. We must respect our bodies and the bodies of others in thought, word, and deed. The seventh and tenth commandments forbid stealing or destroying what belongs to others.

The eighth commandment requires us to tell the truth. It forbids lying and the kind of gossip that hurts others.

Today, the Ten Commandments show us how to remain faithful to God. They help us to live together in peace and love. God has given us these laws for our safety and freedom.

How do these commandments help us to love God and our neighbor better?

## HE APRENDIDO

Escoge tres mandamientos. Explica como nos ayudan a vivir como hijos de Dios.

## ORACION

A veces oramos para dar gracias a Dios por todas sus bendiciones y regalos. Usa esta oración para dar gracias a Dios por sus leyes que nos ayudan a vivir con seguridad y libertad.

> **"Señor, nos diste tus mandatos para que los cumplamos puntualmente. Ojalá que mi andar sea recto y guarde tus mandamientos".**
>
> Salmo 119:4–5

## YO HARE

Los mandamientos no son leyes que sólo nos dicen lo que no tenemos que hacer. Los mandamientos también nos dicen lo que *debemos hacer* para ser fieles a Dios. Escoge uno de los mandamientos. Dinos lo que harás hoy o mañana para cumplir con ese mandamiento.

Ejemplo: Hoy cumpliré con el cuarto mandamiento buscando una manera para que mi familia sea más feliz.

## Recuerda

Los Diez Mandamientos son las leyes que Dios nos dio para ayudarnos a vivir como su pueblo.

Los Diez Mandamientos nos ayudan a amar a Dios sobre todas las cosas y a nuestro prójimo como a nosotros mismos.

## Repaso

1. Nombra los Diez Mandamientos.

2. ¿Cuáles mandamientos nos piden amar a Dios y cuáles amar al prójimo?

3. Cómo contestó Jesús a la pregunta, "¿cuál es el mandamiento más importante?"

### ◆◆◆◆◆Nota para la familia◆◆◆◆◆

El enfoque de esta lección es en los Diez Mandamientos. Ayude al niño/a a entender que las leyes de Dios son para darnos la libertad de vivir en paz y armonía con los demás. Pídale memorizar los mandamientos.

## I HAVE LEARNED

Choose three commandments. Tell how they help us live as God's people.

## PRAYER

At times we pray to thank God for His great gifts to us. Use this prayer to thank God for the laws that help us live in safety and freedom.

**God, You have given us Your laws
and told us to obey them faithfully.
How I hope that I shall be faithful
in keeping Your laws!**

From Psalm 119:4–5

## I WILL DO

The Ten Commandments are not just laws that tell us what we *must not do*. The commandments also tell us what we *must do* to be God's people. Choose one of the commandments. Tell what you will do today or tomorrow to obey that commandment.

Example: Today I will obey the fourth commandment by finding one way to make my family's life happier or easier.

## Remember

The Ten Commandments are the laws that God gave us to help us live as God's people.

The commandments help us to love God above all things and our neighbors as ourselves.

## Review

1. Name the Ten Commandments.

2. Which commandments require us to love God? Which commandments require us to love our neighbor?

3. How did Jesus answer the question, "What is the most important commandment?"

◆◆◆◆◆◆◆◆ **Family Note** ◆◆◆◆◆◆◆◆

This lesson focuses on the Ten Commandments. Help your child to see that God's laws are meant to free us to live with one another in peace and harmony. Then help your child to learn the Ten Commandments by heart.

# 11

# Las Bienaventuranzas

## Acampando por primera vez

"¡Mañana es el día!" gritó Janet a su amiga Rosa mientras caminaban a casa después de la escuela. "¡Sí! Mi tienda de campaña ya está empacada, estoy lista", contestó Rosa.

Por primera vez, el sábado por la mañana, saldrían con los demás miembros del Club Campo Abierto para acampar. Habían estado esperando este momento por meses. Más tarde Rosa llamó a Janet, "no puedo ir", dijo en voz baja. "¿Qué quieres decir?" Preguntó Janet.

Rosa le dijo que su mamá estaba en el hospital y ella tenía que quedarse cuidando a su abuelo que no se podía quedar solo. "Adios Janet, espero que te diviertas", dijo Rosa y colgó.

Al día siguiente Janet se levantó temprano. Le contó a su mamá lo que quería hacer. Tomó su mochila, salió de su apartamento y se dirigió a la casa de Rosa. Cuando Rosa abrió la puerta, Janet dijo. "¡Yo no voy sin ti! Vamos a acampar aquí mismo. Podemos cocinar nuestros hot dogs y compartirlos con tu abuelo. ¿Está bien?" Rosa estaba tan contenta que no podía creer lo que estaba escuchando.

Las dos niñas acamparon todo el fin de semana en la casa de Rosa. Ayudaron al abuelo y se divirtieron al mismo tiempo.

Janet regresó a su casa feliz. Le dijo a su mamá, "felicidad es ayudar a alguien, ¿no crees mamá?" La mamá la abrazó.

¿Qué esperaba hacer Janet? ¿Crees que estaba decepcionada?

Has tomado alguna vez una decisión que:

¿Pensabas que te iba a hacer feliz, pero no fue así?

¿Pensabas que iba a arruinar tu felicidad, pero te alegró más?

### APRENDEREMOS

1 Jesús nos enseña la verdadera felicidad.

2 Las Bienaventuranzas son guías para la verdadera felicidad.

3 Tratamos de vivir con fe, esperanza y caridad.

### VOCABULARIO

**Bienaventuranzas**
guías dadas por Jesús para nuestra verdadera felicidad

# The Beatitudes

## The First Camping Trip

"Tomorrow's the day!" Janet shouted to her friend Rosa as they walked home after school.

"Yep! My sleeping bag is packed, and I'm ready to go," replied Rosa.

Saturday morning they were leaving with the Junior Wilderness Club on their first overnight camping trip. They had been looking forward to it for months.

Later that evening, the phone rang at Janet's. It was Rosa. "I can't go," she whispered.

"What do you mean?" Janet asked.

Rosa told Janet that her mother had gone to the hospital and that she had to stay at home with her grandfather, who could not be left alone. "I hope you'll have a good time. Goodbye, Janet," Rosa said as she hung up the phone.

The next morning Janet was up early. She told her mother what she wanted to do. She put her sleeping bag on her shoulder and left the apartment. She went straight to Rosa's house. When Rosa opened the door, Janet said, "I'm not going without you! Let's have our camping trip right here. OK? And we can cook our hot dogs for your grandfather! OK?"

Rosa was so happy she could hardly believe her ears. All weekend the two girls camped at Rosa's house. They helped Rosa's grandfather. And they had fun.

Janet went home feeling great. She said to her mother, "I think happiness is helping someone, isn't it, Mom?" Janet's mother hugged her daughter.

What had Janet expected to do? Do you think she was disappointed?

Have you ever made a decision that:

❖ you thought would make you happy but did not?
❖ you thought would spoil your happiness but instead made it even greater?

## VOCABULARY

**Beatitudes**
Jesus' guidelines for true happiness

### WE WILL LEARN

1 Jesus teaches the people about true happiness.

2 The Beatitudes are guidelines for true happiness.

3 We try to live with faith, hope, and love.

# 1 Jesús nos enseña la verdadera felicidad.

◆◆◆◆◆◆◆◆◆◆◆◆◆◆◆◆◆◆◆◆◆

Un día Jesús subió a una montaña para hablar a la gente. Les dijo "No anden preocupados por su vida: ¿Qué vamos a comer? Ni por su cuerpo. ¿Qué ropa nos pondremos? ¿No es más la vida que el alimento y el cuerpo más que la ropa? ¡Miren cómo crecen los lirios del campo! No trabajan ni tejen, pero créanme que ni Salomón con todo su lujo se puso traje tan lindo. Y si Dios viste así a la flor del campo que hoy está y mañana se echará al fuego, ¿no hará mucho más por ustedes, hombres de poca fe?

¿Por lo tanto busquen primero el reino y la justicia de Dios, y esas cosas vendrán por añadidura".

Mateo 6:25, 28-30, 33

La gente escuchó y pensó acerca de la lección de la felicidad. La forma en que vivimos nos da más felicidad que lo que comemos o vestimos.

# 1 Jesus teaches the people about true happiness.

◆◆◆◆◆◆◆◆◆◆◆◆◆◆◆◆◆◆◆◆◆◆◆◆◆

One day Jesus sat on the side of a hill and spoke to the people. He told them not to worry about things— about what they would wear or what they would eat. He said, "Look at the birds of the air. They do not plant seeds, yet your Father in heaven takes care of them. And see how the wild flowers grow. They do not make clothes for themselves, but no king ever had clothes as beautiful as these!"

Then Jesus told the people, "If God cares for these little things, how much more does He care for you! Be concerned above everything else with the kingdom of God and God will take care of all the rest."
From Matthew 6:25–33

The people listened and thought about the lesson of happiness. The way we live will bring us more happiness than what we eat or wear.

## 2 Las Bienaventuranzas son guías para la verdadera felicidad.

Jesús dio al pueblo algunas guías para la verdadera felicidad. Llamamos a estas guías *"Las Bienaventuranzas"*. Bienaventuranza es una palabra que significa, "camino hacia la felicidad". La primera palabra en cada Bienaventuranza es *feliz*, una buena clave sobre lo que significa cada una. El cuadro en la página 128, detalla las bienaventuranzas y lo que cada una significa.

### ¿SABES?

Hay muchas formas de vivir como seguidores de Jesús y ser constructores del reino de Dios. Misioneros sirven a Dios y a la Iglesia llevando la buena nueva de Jesús a todo el mundo. Tú puedes llevar la buena nueva a tu familia, amigos y otros en tu parroquia.

# The Beatitudes are guidelines for true happiness.

◆◆◆◆◆◆◆◆◆◆◆◆◆◆◆◆◆◆◆◆◆◆

Jesus gave the people some guidelines for true happiness. We call these guidelines the *Beatitudes*. Beatitude is a word that means "way to happiness." Each beatitude begins with the word *happy*—a good clue to what the Beatitudes are all about. Look at the chart on page 129. It names the Beatitudes and tells you something about the meaning of each one.

# 3 Tratamos de vivir con fe, esperanza y caridad.

Las Bienaventuranzas son guías maravillosas para vivir como seguidores de Jesús. También nos sorpreden porque son lo opuesto a la idea que tenemos de la felicidad. Pero si queremos ser discípulos de Jesús, debemos tratar de vivir de acuerdo a las Bienaventuranzas. Para ayudarnos Dios nos da los dones (regalos) de fe, esperanza y caridad.

❖ Vivimos con *fe* cuando aceptamos las Enseñanzas de Dios. Profesamos nuestra fe en el Credo Apostólico y las enseñanzas de la Iglesia.

❖ Vivimos con *esperanza* cuando confiamos en Jesús y sus promesas del reino y la vida eterna.

❖ Vivimos con *caridad* amando a Dios sobre todas las cosas y al prójimo como a nosotros mismos.

Cuando vivimos con fe, esperanza y caridad, gradualmente llegamos a entender y a vivir la felicidad que Jesús nos estaba enseñando en las Bienaventuranzas.

Nombra una forma en la que puedes ser una persona de fe, esperanza y caridad.

| Las Bienaventuranzas | Lo que significan para nosotros |
|---|---|
| "Felices los que tienen espíritu de pobre porque de ellos es el Reino de los cielos". | La gente pobre de espíritu depende de Dios. Nada es más importante para ellos. |
| "Felices los que lloran: porque recibirán consuelo". | La gente que llora está triste por el pecado y sufrimiento a su alrededor. Recuerdan que Dios es nuestro Consolador. |
| "Felices los pacientes: porque recibirán la tierra en herencia". | La gente humilde es buena y paciente con los demás. Compartirán las promesas de Dios. |
| "Felices los que tienen hambre y sed de justicia: porque serán saciados". | El justo comparte lo que tiene con otros. Trata de ser justo con todos. |
| "Felices los compasivos: porque tendrán misericordia". | La gente que es compasiva siempre está dispuesta a perdonar. |
| "Felices los de corazón limpio: porque ellos verán a Dios". | La gente de corazón limpio siempre pone a Dios primero en su vida. |
| "Felices los que trabajan por la paz: porque serán reconocidos hijos de Dios". | La gente que lucha por la paz trae paz y reconciliación a todos y dondequiera. Tratan a los demás justamente. |
| "Felices los que son perseguidos por causa del bien: porque de ellos es el Reino de los Cielos". | La gente de gran valor está dispuesta a sufrir por lo que cree es correcto. |

Mateo 5:1–11

Elige una de las beatitudes y explica lo que significa para ti.

# 3 We try to live with faith, hope, and love.

◆◆◆◆◆◆◆◆◆◆◆◆◆◆◆◆◆◆◆◆◆◆◆◆

The Beatitudes are wonderful guidelines for living as followers of Jesus. They are also surprising because they turn our ideas about happiness upside down. They are not always what we have in mind about being happy! But if we want to be followers of Jesus, we will try to live according to the Beatitudes. To help us do this, God gives us the gifts of faith, hope, and love.

❖ We live as people of *faith* by accepting all that God teaches us. We profess our faith in the Apostles' Creed and the teachings of the Church.

❖ We live as people of *hope* by trusting in Jesus and His promises of the kingdom and eternal life.

❖ We live as people of *love* by loving God above all things and our neighbors as ourselves.

When we live with faith, hope, and love, we gradually come to understand and live the happiness that Jesus was teaching in the Beatitudes.

Name one way you can be a person of faith, of hope, of love.

| The Beatitudes | What the Beatitudes Mean for Us |
|---|---|
| "Happy are those who are poor in spirit; the kingdom of God belongs to them." | People who are poor in spirit depend on God for everything. Nothing becomes more important to them than God. |
| "Happy are those who mourn; God will comfort them." | People who mourn are saddened by sin, evil, and suffering in the world. They trust that God will comfort them. |
| "Happy are those who are humble; they will receive what God has promised." | Humble people show gentleness and patience towards others. They will share in God's promises. |
| "Happy are those who do what God wants; God will satisfy them fully." | People who are fair and just towards others are doing God's loving will. |
| "Happy are those who are merciful to others; God will have mercy on them." | Merciful people are concerned about others' feelings. They are willing to forgive those who hurt them. |
| "Happy are the pure in heart; they will see God." | People who keep God first in their lives are pure in heart. They give their worries and concerns to God. |
| "Happy are those who work for peace; they will be called children of God." | Peacemakers are people who bring peace and reconciliation into the lives of others. They treat others fairly. |
| "Happy are those who are persecuted because they do what God wants; the kingdom of heaven belongs to them." | People who are willing to be ignored or insulted for doing what they feel God wants will share in God's kingdom. |

From Matthew 5:3–10

Choose one beatitude and explain what it means to you.

# He Aprendido

Lee el cuadro de las Bienaventuranzas. Escoge una de ellas y comparte lo que significa para ti.

# Yo Hare

Piensa en alguien que conozcas o hayas leído que vive de acuerdo a las Bienaventuranzas. Explica como esa persona vive las Bienaventuranzas.

¿Qué puedes hacer para vivir mejor las Bienaventuranzas?

¿Qué harás?

## Oracion

Estas palabras de la oración de San Francisco nos ayudan a vivir las Bienaventuranzas.

> Señor, hazme un instrumento de tu paz.
> Donde haya odio, siembre yo amor.
> Donde haya injuria, perdón.
> Donde haya desesperación, esperanza.
> Donde haya tristeza, alegría.

## Recuerda

Las Bienaventuranzas que Jesús nos enseñó son guías para ser verdaderamente felices. Tratamos de vivir las Bienaventuranzas con fe, esperanza y caridad.

## Repaso

1. Nombra tres bienaventuranzas.

2. Escoge una bienaventuranza. Explica como la vivirás en tu casa.

3. Lee la última bienaventuranza. Nombra una situación en la cual necesitas valor para hacer lo que Dios quiere.

### Nota para la familia

Esta lección trata de las Bienaventuranzas y las virtudes de fe, esperanza y caridad. Ayude al niño a entender que estas guías nos ayudan a vivir en paz y armonía con todos.

## I Have Learned

Read the chart on page 129. Choose one of the Beatitudes and tell what it means to you.

## I Will Do

Think of someone you know or have read about who lives according to the Beatitudes. Explain how that person lives the Beatitudes.

What can you do to be more of a "beatitude person" today?

Will you do it?

### Prayer

These words from the prayer of Saint Francis can help us to live as beatitude people.

Lord, make me an instrument of
  Your peace.
Where there is hatred, let me sow love.
Where there is injury, pardon.
Where there is despair, hope.
Where there is sadness, joy.

## Remember

Jesus taught us the Beatitudes as guidelines for being truly happy. We try to live the Beatitudes with faith, hope, and love.

## Review

1. Name three of the Beatitudes.
2. Choose one beatitude. Tell how you can live this beatitude in your home.
3. Read the last beatitude. Name a time when you will need courage to do what God wants you to do.

### Family Note

This lesson emphasizes the Beatitudes and the virtues of faith, hope, and love. Help your child to see that these guidelines enable us to live in peace and harmony with one another.

# 12

# El sacramento de la Reconciliación

## La decisión de Laura

"Algunos niños dicen que es divertido robar en las tiendas sin que nadie se dé cuenta. Ellos dicen que el que no trata es un cobarde".

Laura estaba hablando con su amiga Carla de regreso a casa. Pensaba que a lo mejor se estaba perdiendo algo importante por no haber intentado robar en la tienda por departamentos, especialmente cuando había mucha gente.

"Eso no es para mí", contestó Carla. "Yo sé que robar es malo te vean o no. Es tomar algo que no te pertenece".

Laura aún no estaba segura. Recordó los niños que en la escuela decían que habían robado discos o joyas, "sólo por divertirse". Ella se preguntaba si debía tratar de robar también.

Si fueras amigo/a de Laura, ¿qué le dirías sobre robar?

## VOCABULARIO

**absolución**
el perdón de nuestros pecados por medio de las palabras y acción del sacerdote

**pecado**
escoger libremente hacer algo que sabemos es malo desobedeciendo la ley de Dios

**conciencia**
la habilidad de escoger entre lo bueno y lo malo

## APRENDEREMOS

1 Pecado es escoger libremente hacer algo que sabemos es malo.

2 Examinamos nuestra conciencia antes de la Reconciliación.

3 Reconciliación es el sacramento que nos da el perdón de Dios.

# The Sacrament of Reconciliation

## Laurie's Choice

"Some kids say that it's cool to get away with shoplifting at the mall. They say that if you won't even try, you're chicken."

Laurie was talking to her friend Carla on the way home from school. She wondered whether she was missing out on something by never attempting to steal anything in a crowded department store.

"That's not for me," Carla answered. "I know better. Stealing is wrong—whether you get caught or not. It is taking what is not yours."

Laurie still was not sure. She thought about all the kids who said they had taken cassettes or jewelry "just for the fun of it." She wondered whether she should try stealing, too.

If you were Laurie's friend, what would you say to her about shoplifting?

## VOCABULARY

**absolution**
the forgiveness of our sins through the words and actions of the priest

**sin**
freely choosing to do something that we know is wrong, disobeying God's law on purpose

**conscience**
the ability to know right from wrong

## WE WILL LEARN

1 Sin is freely choosing to do what we know is wrong.

2 We examine our conscience before Reconciliation.

3 Reconciliation is a sacrament of God's mercy.

133

# Pecado es escoger libremente hacer lo que sabemos es malo.

◆◆◆◆◆◆◆◆◆◆◆◆◆◆◆◆◆◆◆◆◆◆◆◆◆◆

Cada día tenemos que tomar decisiones igual que Laura. Algunas veces, sentimos el deseo de hacer algo malo. Eso se llama *tentación*. Una tentación no es pecado. Pecado es escoger libremente hacer lo que sabemos que es malo. Desobedecemos la Ley de Dios a propósito.

Algunos pecados son tan graves que nos alejan completamente del amor de Dios. Podemos llamarlos *pecados mortales*. Un pecado es mortal cuando:

- ❖ lo que hacemos es muy grave;
- ❖ sabemos que es grave y prohibido por Dios; y
- ❖ libremente decidimos hacerlo.

Los pecados menos graves son llamados *pecados veniales*. Cuando nos herimos o herimos a otros, pero no nos separamos completamente del amor de Dios. Los pecados veniales nos hacen miembros menos amables dentro de la comunidad de Jesús, la Iglesia.

La Iglesia Católica nos enseña que podemos pecar de pensamiento, palabra y obra.

Somos responsables de nuestros pecados y del daño y dolor que estos causan.

¿Cuál es la diferencia entre la tentación y el pecado?

# 1 Sin is freely choosing to do what we know is wrong.

◆◆◆◆◆◆◆◆◆◆◆◆◆◆◆◆◆◆◆◆◆◆◆◆◆◆◆

Everyday we have to make choices or decisions, as Laurie did. Sometimes, we feel like doing something wrong. This is called a *temptation*. A temptation is not a sin. *Sin* is freely choosing to do what we know is wrong. We disobey God's law on purpose.

Some sins are so serious that by doing them we turn away completely from God's love. We call them *mortal sins*. Sin is mortal when:

❖ what we do is very seriously wrong;

❖ we know that it is wrong and that God forbids it;

❖ and we freely choose to do it.

Less serious sins are called *venial sins*. We hurt others and ourselves, but we do not turn away completely from God's love. Venial sins make us less loving members of Jesus' community, the Church.

The Catholic Church teaches us that we can sin in thought, word, or action. We are responsible for our sins and the damage and hurt they cause.

What is the difference between a temptation and a sin?

## Examinamos nuestra conciencia antes de la Reconciliación.

Nuestra *conciencia* nos ayuda a tomar decisiones, es la habilidad para saber lo que está bien o mal, lo que deberíamos hacer o no hacer.

Aprender a tomar decisiones sobre lo que está bien o mal se llama formar nuestra conciencia. Aprendemos a *formar nuestra conciencia* siguiendo:

❖ la dirección o inspiración del Espíritu Santo;

❖ las enseñanzas de la Iglesia;

❖ los consejos de nuestros padres.

Es muy importante aprender como *examinar nuestra conciencia*. Esto quiere decir que pensamos o meditamos acerca de nuestros pensamientos y acciones. Nos preguntamos si hemos amado a Dios, a los demás y a nosotros mismos.

## ¿SABES?

Cuando celebramos la Reconciliación, generalmente confesamos nuestros pecados al sacerdote en el confesionario o cara a cara; pero si es necesario podemos confesar en cualquier lugar y en cualquier momento.

## 2 We examine our conscience before Reconciliation.

◆◆◆◆◆◆◆◆◆◆◆◆◆◆◆◆◆◆◆◆◆◆◆◆◆◆◆◆◆◆◆

Our conscience helps us to make decisions about what is right and wrong. *Conscience* is the ability to know what is right or wrong, what we should or should not do.

Learning how to make decisions about right and wrong is called *forming our conscience*. We learn to form our conscience by following:

❖ the guidance of the Holy Spirit;

❖ the teachings of the Church;

❖ and the advice of our parents, guardians.

It is important to learn how to *examine our conscience*. This means that we think about our thoughts and actions. We ask ourselves whether we have loved God, others, and ourselves.

## Do You Know ?

When we celebrate the sacrament of reconciliation, we can confess our sins through a screen or face-to-face with the priest. We usually celebrate the sacrament either in a reconciliation room or a confessional box, but if necessary, we can go to a priest anywhere or anytime.

# 3 Reconciliación es el sacramento que nos da el perdón de Dios.

◆◆◆◆◆◆◆◆◆◆◆◆◆◆◆◆◆◆◆◆◆◆

*Reconciliarnos* significa hacernos amigos otra vez. Cuando pecamos, necesitamos ser reconciliados con Dios. En el sacramento de la Reconciliación, instituido por Jesús, volvemos a establecer nuestra amistad con Dios y la comunidad de la Iglesia. Celebramos el amor y el perdón de Dios y somos fortalecidos para evitar volver a pecar.

Antes de celebrar el sacramento de la Reconciliación, debemos de tener un tiempo para prepararnos examinando nuestra conciencia. Entonces confesamos nuestros pecados. Quiere decir que decimos al sacerdote los pecados cometidos desde la última confesión. Sabemos que Dios perdonará nuestros pecados si estamos arrepentidos.

Después que el sacerdote escucha nuestra confesión nos habla de como podemos mejorar para seguir a Cristo.

Luego nos da una penitencia que puede ser hacer una buena acción o decir alguna oración. Cuando hacemos la *penitencia* mostramos que realmente estamos arrepentidos del mal que hicimos. Después rezamos el Acto de Contrición diciendo a Dios que estamos arrepentidos. El sacerdote nos da la *absolución*, o perdón. Las palabras y las acciones del sacerdote son un signo de que Dios nos ha perdonado.

Hay dos formas ordinarias para celebrar el sacramento de la Reconciliación, el Rito *Individual* y el *Comunitario*. Estas dos formas de celebrar la Reconciliación están explicadas en la página 188.

Revisa el Rito Individual de la Reconciliación.

¿Qué pasa durante esta celebración?

Mira la parte del Rito Comunitario. ¿Qué pasa durante esta celebración?

Ya sea que celebremos el sacramento de la Reconciliación solos o con otros, nos confesamos y recibimos la absolución del sacerdote en privado. Este sacramento es una forma maravillosa para alabar y dar gracias a Dios por sus regalos de misericordia y perdón. También es una forma de crecer en la vida de la gracia de Dios.

¿Por qué llamamos signo del amor y perdón de Dios al sacramento de la Reconciliación?

## Un examen de conciencia

Al examinar nuestra conciencia, nos hacemos preguntas basadas en los Diez Mandamientos y la Ley del Amor.

❖ ¿He ido a Misa el sábado en la noche o el domingo cada semana?

❖ ¿He usado el nombre de Dios con reverencia y respeto?

❖ ¿He obedecido a mis padres o personas encargadas?

❖ ¿He tomado algo que pertenece a otra persona?

❖ ¿He hecho cosas que hacen daño a mi cuerpo o al cuerpo de otro?

❖ ¿He dicho siempre la verdad y he sido justo/a?

# 3 Reconciliation is a sacrament of God's mercy.

◆◆◆◆◆◆◆◆◆◆◆◆◆◆◆◆◆◆◆◆◆◆◆◆◆

To *reconcile* means to make friends with someone again. When we sin, we need to be reconciled with God. That is why Jesus gave us the sacrament of Reconciliation. In this sacrament we are reconciled with God and the community of the Church. We celebrate God's love and forgiveness and are strengthened to avoid sin in the future.

Before we celebrate the sacrament of Reconciliation, we take time to examine our conscience. Then we confess our sins. This means that we tell the priest the sins we have committed since our last confession. We know that God will forgive our sins if we are sorry.

### An Examination of Conscience

In examining our conscience, we ask ourselves questions like these based on the Ten Commandments and the Law of Love.

❖ Have I gone to Mass every week on Saturday evening or Sunday?

❖ Have I used God's name with reverence and respect?

❖ Have I obeyed my parents or guardians?

❖ Have I taken something that belongs to someone else?

❖ Have I done things that are harmful or disrespectful to my body or to the body of someone else?

❖ Have I been truthful and fair?

After the priest listens to our confession, he talks with us about ways we can be better followers of Jesus. He then gives us a *penance* which is a good deed to do or prayers to say. Doing the penance is our way of showing that we are really sorry for the wrong we have done. We pray an Act of Contrition, telling God we are sorry for our sins. The priest then gives *absolution*, or forgiveness. The words and actions of the priest are signs that God has forgiven us.

Two ways of celebrating the sacrament of Reconciliation are the *Individual Rite* and the *Communal Rite.* Both ways of celebrating Reconciliation with the priest are outlined on page 189.

Look at the Individual Rite of Reconciliation. What happens during this celebration?

Look at the Communal Rite. What happens during this celebration?

Whether we celebrate the sacrament of Reconciliation alone or with others, we confess our sins to the priest privately. Then he gives us absolution. This sacrament is a wonderful way to praise and thank God for the gifts of mercy and forgiveness. It is a way to grow in God's grace.

Why do we call the sign of God's love and forgiveness the sacrament of Reconciliation?

## He Aprendido

Enumera estos eventos en el orden que suceden durante el sacramento de la Reconciliación.

_____ El sacerdote nos absuelve de nuestros pecados.

_____ Decimos nuestros pecados al sacerdote.

_____ Decimos el Acto de Contrición.

_____ El sacerdote nos da la penitencia.

_____ El sacerdote nos habla como podemos mejorar nuestra vida de cristiano.

## Yo Hare

Busca un tiempo y un lugar donde puedas estar a solas. Pide al Espíritu Santo que te dé la sabiduría para conocerte y ver donde necesitas mejorar en tu amor por Dios y por los demás. Siéntate en silencio, y dale la oportunidad a Dios de guiarte. Actúa de acuerdo a lo que el Espíritu Santo te inspire.

## Recuerda

En el sacramento de la Reconciliación, mostramos que estamos arrepentidos de nuestros pecados y recibimos el perdón de Dios por medio de las palabras y las acciones del sacerdote.

## Repaso

1. ¿Qué es pecado?
2. ¿Qué es pecado mortal?
3. ¿Qué es pecado venial?
4. ¿Qué celebramos en el sacramento de la Reconciliación?

# I HAVE LEARNED

Number these events in the order in which they happen during the sacrament of Reconciliation.

_____ The priest absolves us from our sins.

_____ We tell our sins to the priest.

_____ We say an Act of Contrition.

_____ The priest gives us a penance.

_____ The priest talks with us about ways that we can better live as followers of Jesus.

# I WILL DO

Spend a few minutes of quiet time in a place where you can be alone. Ask God the Holy Spirit for the wisdom to know yourself and to see where you need to improve in your love for God and for others. Just sit quietly, and give God a chance to guide you. Try to do this at least once a week. Act according to what you learn from the Holy Spirit within you.

## PRAYER

Trusting in God's mercy, we should tell God that we are sorry for the sins we commit. Here is an Act of Contrition that you can pray.

> My God,
> I am sorry for my sins
> with all my heart.
> In choosing to do wrong,
> and failing to do good,
> I have sinned against you
> whom I should love above all things.
> I firmly intend, with your help,
> to do penance, to sin no more,
> and to avoid whatever leads me to sin.
> Our Savior Jesus Christ
> suffered and died for us.
> In his name, my God, have mercy.

## Remember

In the sacrament of Reconciliation, we show we are sorry for our sins and receive God's forgiveness through the words and actions of the priest.

## Review

1. What is sin?
2. What is mortal sin?
3. What is venial sin?
4. What do we celebrate in the sacrament of Reconciliation?

### ◆◆◆◆◆◆ Family Note ◆◆◆◆◆◆

This lesson focuses on the sacrament of Reconciliation (Penance) and the nature of sin. It emphasizes that God will always forgive our sins if we are sorry. Share your feelings about ways you have experienced God's forgiveness in your life. You may want to help your child memorize the Act of Contrition on this page.

# 13

# Viviendo como buenos católicos

## ¿Cuándo te vimos…?

¿Cómo te sientes cuando ves en la televisión escenas de niños pasando hambre?

¿Qué piensas cuando ves a una persona que no tiene un techo donde pasar la noche?

Trata de verte a ti y a tu familia ayudando a esa persona. ¿Qué harías?

Algunas veces cuando vemos a personas necesitadas, nos sentimos inútiles. ¡Qué terrible!, nos decimos. Pero entonces nos preguntamos: "¿Qué puedo hacer al respeto?"

### VOCABULARIO

**Obras Corporales de Misericordia**
formas en que podemos ayudar a los que sufren necesidades físicas

**Obras Espirituales de Misericordia**
formas en que podemos ayudarnos en nuestras necesidades espirituales

### APRENDEREMOS

1 Jesús nos habla del juicio final.

2 Jesús nos pide preocuparnos de las necesidades físicas de los demás.

3 Jesús nos pide preocuparnos de las necesidades espirituales de los demás.

# Living as Good Catholics

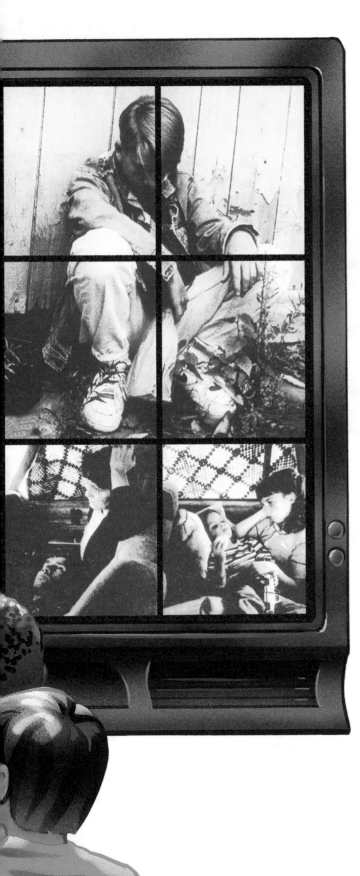

## When Did We See You...?

How do you feel when you watch TV and see pictures of hungry children?

What do you think of when you see someone who is homeless?

Imagine someone who is hungry, thirsty, or homeless. Try to see yourself and your family helping that person. Tell what you would do.

Sometimes when we see people in need, we feel helpless. "That's terrible," we tell ourselves. But then we ask, "What can I do about it?"

### VOCABULARY

**Corporal Works of Mercy**
ways we care for one another's physical needs

**Spiritual Works of Mercy**
ways we care for one another's spiritual needs

### WE WILL LEARN

1 Jesus tells us about the last judgment.

2 Jesus asks us to care for the physical needs of others.

3 Jesus asks us to care for the spiritual needs of others.

# 1 Jesús nos habla del juicio final.

◆◆◆◆◆◆◆◆◆◆◆◆◆◆◆◆◆◆◆◆◆◆◆

Jesús nos contó esta historia para enseñarnos cómo debemos tratar a los necesitados.

Cuando llegue el fin del mundo, Jesús vendrá a juzgar a todas las naciones. Esto se llama el *juicio final*. A los que han sido justos les dirá: "¡Vengan, los bendecidos por mi Padre! Tomen posesión del reino que ha sido preparado para ustedes. Porque tuve hambre... Tuve sed... Pasé como forastero... Anduve sin ropas... Estaba enfermo..." Entonces los buenos preguntarán: "Señor,

¿Cuándo te vimos hambriento... sediento...o forastero, o sin ropa?...El les responderá: "En verdad les digo que cuando lo hicieron con alguno de estos más pequeños, que son mis hermanos, lo hicieron conmigo".
Basado en Mateo 25:34-40.

Jesús usó esta historia para mostrarnos como amar a los demás.

Según Jesús, ¿cuándo le vemos en necesidad?

¿Dónde ves a Jesús hoy?

144

# 1 Jesus tells us about the last judgment.

◆◆◆◆◆◆◆◆◆◆◆◆◆◆◆◆◆◆◆◆◆◆◆

Jesus told this story to teach us how we should treat those in need.

At the end of the world, Jesus will come to judge all people. This is called the *last judgment*. To those who have lived justly, He will say, "Come you that are blessed by My Father. I was hungry and you fed Me, thirsty and you gave Me a drink. I was a stranger and you welcomed Me, naked and you gave Me clothes. I was sick and you took care of Me, in prison and you visited Me."

These people will say to Jesus, "Lord, when did we ever do any of these things for You?" Jesus will say, "Whenever you did anything for one of the least important of these brothers or sisters of Mine, you did it for Me."
From Matthew 25:34–40

Jesus used this story to show us how we are to love others.

According to Jesus, when do we ever see Him in need?

Where do you see Jesus today?

## Jesús nos pide preocuparnos por las necesidades físicas de los demás.

◆◆◆◆◆◆◆◆◆◆◆◆◆◆◆◆◆◆

Como cristianos estamos llamados a ser justos. Jesús nos enseñó a ser justos y a preocuparnos por las necesidades de los demás. Nosotros somos llamados a practicar las *Obras Corporales de Misericordia* como Jesús lo pidió:

❖ Dar de comer al hambriento.

❖ Dar de beber al sediento.

❖ Vestir al desnudo.

❖ Visitar y ayudar a los encarcelados.

❖ Dar posada al forastero.

❖ Visitar y cuidar a los enfermos.

❖ Enterrar a los muertos.

Esta es la forma en que podemos hacer que el reino de Dios sea una realidad para todo el mundo.

¿Cuáles de estas Obras Corporales de Misericordia pueden hacer las personas de tu edad? ¿Cómo?

### ¿SABES?

Como católicos creemos que la muerte no separa a los vivos y a los muertos en una forma total. Aun así seguimos siendo hermanos y hermanas en Cristo. Todavía podemos rezar los unos por los otros. Le llamamos a esta unión de los amigos de Dios vivos y muertos; **La comunión de los santos.**

PARA LOS NECESITADOS

## Jesus asks us to care for the physical needs of others.

◆◆◆◆◆◆◆◆◆◆◆◆◆◆◆◆◆◆◆◆

All Christians are called to live lives of justice. Jesus taught us to be fair and to be concerned for the needs of all people. We are to carry out the *Corporal Works of Mercy* as Jesus asks:

❖ Feed the hungry.

❖ Give drink to the thirsty.

❖ Clothe the naked.

❖ Help those imprisoned.

❖ Shelter the homeless.

❖ Care for the sick.

❖ Bury the dead.

This is how we can make God's kingdom real for all people everywhere.

Which of these Corporal Works of Mercy can people your age do? How?

### Do You Know?

As Catholics, we believe that death does not totally and finally separate the living from those who have died. We are all still brothers and sisters in Christ. We can still pray for one another. We call this union of all God's friends—living and dead—the **communion of saints.**

147

# Jesús nos pide preocuparnos por las necesidades espirituales de los demás.

◆◆◆◆◆◆◆◆◆◆◆◆◆◆◆◆◆◆◆◆◆◆◆

Para ayudarnos a satisfacer las necesidades Espirituales la Iglesia nos enseña las Obras Espirituales de Misericordia. Ellas son:

❖ Compartir nuestro conocimiento.

❖ Aconsejar al que lo necesite.

❖ Consolar al que sufre.

❖ Ser pacientes.

❖ Perdonar a los que nos hacen daño.

❖ Corregir al que lo necesita.

❖ Rezar por los vivos y los difuntos.

Las Obras Corporales y Espirituales de Misericordia son prácticas importantes de nuestra fe católica. Nos recuerdan que debemos vivir cada día de acuerdo a la voluntad de Dios. Siguiendo el ejemplo de Jesús, nuestro Salvador, y la guía del Espíritu Santo, podemos crecer como miembros fuertes de la Iglesia.

¿Cuáles de estas Obras Espirituales de Misericordia pueden hacer las personas de tu edad? ¿Cómo?

# 3 Jesus asks us to care for the spiritual needs of others.

◆◆◆◆◆◆◆◆◆◆◆◆◆◆◆◆◆◆◆◆◆◆◆◆

To help us care for the spiritual needs of other people, the Catholic Church teaches us the Spiritual Works of Mercy. They are as follows:

❖ Share your knowledge with others.

❖ Give advice to those who need it.

❖ Comfort those who suffer.

❖ Be patient with people.

❖ Forgive those who hurt us.

❖ Give correction to those who need it.

❖ Pray for the living and the dead.

The Corporal and Spiritual Works of Mercy are important practices of our Catholic faith. They remind us that we should live each day as God wants us to live. Following the example of Jesus our Savior and the guidance of the Holy Spirit, we can grow to be strong members of the Church.

Which of these Spiritual Works of Mercy can people your age do? How?

149

## HE APRENDIDO

Nombra las Obras Corporales y Espirituales de Misericordia. En tus propias palabras explica lo que significan.

## YO HARE

Piensa en algunos lemas o dichos para animar a la gente a hacer Obras de Misericordia.

Escoge uno y diseña un letrero para carro o bicicleta. Haz copias para tus amigos y familiares.

¿Cuál lema tratarás de vivir esta semana?

## ORACION

Vamos a rezar una oración de alabanza a la Santísima Trinidad.

**Gloria al Padre y al Hijo
y al Espíritu Santo.
Como era en el principio,
ahora y siempre,
por los siglos de los siglos. Amén.**

## Recuerda

Jesús nos enseña que cualquier cosa que hacemos con los demás la hacemos con El.

La Iglesia nos enseña como podemos servir a Jesús haciendo las Obras Corporales y Espirituales de Misericordia.

## Repaso

1 ¿Qué significa el juicio final?

2 ¿Por qué las Obras Corporales y Espirituales de Misericordia deben ser importantes para ti?

3 ¿Te sorprende la forma en que Jesús nos dice que vamos a ser juzgados?

### Nota para la familia

Esta lección pone énfasis en las Obras de Misericordia y en cómo nosotros debemos practicarlas para ser buenos católicos. Comparta con su hijo lo que usted piensa sobre la importancia de las Obras de Misericordia.

## I HAVE LEARNED

Name the Corporal and Spiritual Works of Mercy. In your own words explain what they mean.

## I WILL DO

Think of possible slogans to encourage people to do the Works of Mercy.

Choose one slogan and design a bumper sticker for a car or bike. Make copies for your family or friends.

Which slogan will you try to live this week?

## PRAYER

Let us pray a prayer of praise to the Blessed Trinity.

> **Glory to the Father,**
> **and to the Son,**
> **and to the Holy Spirit.**
> **As it was in the beginning,**
> **is now, and will be for ever.**
> **Amen.**

## Remember

Jesus teaches us that whatever we do for others we do for Him.

The Church teaches us how we can serve Jesus in doing the Corporal and Spiritual Works of Mercy.

## Review

1. What do we mean by the last judgment?

2. Why should the Corporal and Spiritual Works of Mercy be important for you?

3. Do you find surprising the way Jesus says we will be judged? Why?

# 14

# María y los santos

## Amigos fieles

Benjamín había venido a la casa de Lisa para que ella le ayudara con su tarea de inglés. Mientras Lisa servía un poco de jugo, Benjamín miraba el calendario para ver cuando era el examen.

"Oye, Lisa, ¿cómo es que tu calendario tiene todos estos nombres?" Preguntó Benjamín. "Son los nombres de nuestros santos", contestó Lisa.

Ella le explicó que la Iglesia Católica honra a muchos de sus santos celebrando su día. "Mi madre dice que es una buena forma de recordar a nuestros antepasados en la familia de Dios, ¿es así mamá?" Preguntó Lisa. "Sí", contestó la madre. "Los santos son nuestros amigos. Ellos nos ayudan y rezan por nosotros. Es por eso que muy a menudo los padres ponen a sus hijos el nombre de un santo/a. Nosotros le pusimos el nombre a Lisa por Santa Elizabeth".

¿Eres devoto de algún santo?

¿Qué conoces sobre tu santo?

### APRENDEREMOS

1  **Los santos nos ayudan a vivir como seguidores de Jesús.**

2  **Los católicos honramos a María como la primera entre los santos.**

3  **El rosario es una de nuestras devociones más queridas.**

## VOCABULARIO

**rosario**
una forma tradicional de rezar a María

**santo/a**
alguien a quien la Iglesia honra y venera como fiel seguidor/a de Cristo Jesús

# Mary and the Saints

## Faithful Friends

Ben had come over to Lisa's house for some help with his English homework. While Lisa got them some juice out of the refrigerator, Ben looked at the calendar to see when the next English test was scheduled.

"Hey, Lisa, why does your calendar have all these names printed on it?" he asked.

"Those are the names of our saints," Lisa replied. She explained that the Catholic Church honors many of its saints by celebrating their feast days.

"My mother says it's a nice way to remember our ancestors in God's family," Lisa said. "Isn't that right, Mom?"

"Yes," Lisa's mother answered. "The saints are our friends. They help us and pray for us. That is why parents often name their children after the saints. We named Lisa after Saint Elizabeth."

Do you have a favorite saint?

What do you know about your saint?

---

### VOCABULARY

**rosary**
a traditional prayer to Mary

**saint**
someone the Church honors as a faithful follower of Jesus

---

### WE WILL LEARN

1 Saints help us live as followers of Jesus.

2 Catholics honor Mary as first among the saints.

3 The rosary is one of our best-loved prayers.

# 1 Los santos nos ayudan a vivir como seguidores de Jesús.

Los santos fueron gente buena que trataron de seguir a Jesús con sus actuaciones. Los santos son nuestros hermanos y hermanas en la Iglesia. Desde el cielo continúan cuidándonos, rezando por la Iglesia y por todos nosotros. Como católicos, recordamos y damos honor a los santos porque ellos nos enseñan que también nosotros podemos seguir a Jesús con todo el corazón.

No hay dos santos exactamente iguales. Hay mujeres, hombres y niños que son santos. Algunos eran casados, otros solteros; algunos eran miembros de órdenes religiosas; otros laicos. Han habido santos en todas partes del mundo, de todas las edades y formas de vida. Martín de Tours, por ejemplo, era un soldado, Elizabeth de Hungría era una reina. Hubo abogados como Tomás More, y gente como San Francisco de Asís y Clara que dejaron todo para seguir a Cristo. Hubo maestros como la madre Seton, misioneros como Pedro Claver, y mártires como Agnes.

¿Sabes alguna historia de la vida de algún santo/a? Compártela con la clase.

San José

San Francisco de Asís

154

# Saints help us live as followers of Jesus.

Saints are holy people and our brothers and sisters in the Church. During their lives on earth, they tried to follow Jesus in all they said and did. From heaven they continue to watch over and pray for the Church, for all of us. As Catholics, we remember and honor the saints because they show us how we, too, can follow Jesus.

No two saints are exactly alike. Saints have been men, women, or children. Some were married, some not; some were members of religious orders; some were lay people, some ordained. Saints have come from all parts of the world, from every age, and from all walks of life. Martin of Tours, for example, was a soldier; Elizabeth of Hungary was a queen. There were lawyers like Thomas More, and people who gave up everything to follow Christ, as Francis of Assisi and Clare did. There were teachers like Mother Seton, missionaries like Peter Claver, and martyrs like Agnes.

Do you know any stories from the lives of the saints? Share one story.

St. Eizabeth of Hungary

St. Rose of Lima

## 2 Los católicos honramos a María como la primera entre los santos.

◆◆◆◆◆◆◆◆◆◆◆◆◆◆◆◆◆◆◆◆◆◆◆◆

Los católicos, honramos a María como la más grande de todos las santos, porque es la Madre de Dios. He aquí algunas cosas que la Iglesia nos enseña sobre María.

María era una joven judía que practicaba la religión judía, Dios escogió a María para que fuera la Madre del Salvador.

El ángel Gabriel, el mensajero de Dios, visitó a María y le dijo, "Quedarás esperando y darás a luz a un hijo, y le pondrás por nombre Jesús".

Estas palabras sorprendieron a María porque ella era virgen y no estaba casada. Dios le prometió a María que el Espíritu Santo vendría sobre ella y que su hijo sería el Hijo de Dios.

María creyó y confió en la palabra de Dios, dijo: "Yo soy la servidora del Señor; hágase en mí lo que has dicho" (Lucas 1:38).

María se convirtió en la Madre de Jesús, Hijo de Dios. Ella amó y cuidó a Jesús durante toda su vida.

El evangelio de Juan nos dice que cuando Jesús estaba muriendo en la cruz su madre estaba ahí. Muchos de sus seguidores huyeron a esconderse por miedo, pero María se quedó con Jesús hasta el final.

"Jesús al ver a la Madre, y junto a ella, a su discípulo: al que más quería, dijo a la Madre: "Mujer, ahí tienes a tu hijo". Después dijo al discípulo: "Ahí tienes a tu Madre".
Juan 19:26–27.

La Iglesia nos dice que por medio de estas palabras Jesús entregó a María como madre de toda la Iglesia. Por eso la llamamos Madre de la Iglesia.

**Nuestra Señora de Guadalupe**

¿Por qué crees que María es tan importante para la Iglesia?

¿Qué significa María para ti?

Muchas veces a través del año celebramos nuestro amor por María. Aquí hay algunas de ellas:

**María, Madre de Dios** – 1 de enero

**La Anunciación** – 25 de marzo

**La Visitación** – 31 de mayo

**La Asunción** – 15 de agosto

**El Nacimiento de María** – 8 de septiembre

**La Inmaculada Concepción** – 8 de Dic.

**Nuestra señora de Guadalupe** – 12 de diciembre

## 2 Catholics honor Mary as first among the saints.

◆◆◆◆◆◆◆◆◆◆◆◆◆◆◆◆◆◆◆◆◆◆

Catholics honor Mary as the greatest of the saints because she is the Mother of God. Here are some things the Church teaches about the Blessed Virgin Mary.

Mary was a young Jewish girl. She faithfully practiced the Jewish religion. God chose Mary to be the mother of the Savior, God's own Son.

The angel Gabriel, God's messenger, came to Mary and said, "You will give birth to a son, and you will name Him Jesus."

Mary was troubled by these words for she was a virgin and not yet married. God promised Mary that the Holy Spirit would come upon her and that her child would be the Son of God.

Mary believed and trusted in God's word. She said, "I am the servant of the Lord. Let what you have said happen to me."

From Luke 1:26–38

Mary became the mother of Jesus, the Son of God. She loved and cared for Jesus all through His life.

The Gospel of John tells us that when Jesus was dying on the cross His mother was there. Many of His followers ran away and hid in fear, but Mary stayed with Jesus until the very end.

Jesus saw His mother and His friend John standing near the cross. He said to Mary, "Here is your son." Then He said to John, "This is your mother" (from John 19:25–27).

The Church tells us that by these words Jesus gave Mary to the whole Church as our mother. That is why we call Mary the Mother of the Church and why she is so important to us.

Why do you think Mary is so important to the Church?

What does Mary mean to you?

### Do You Know?

Many times throughout the year we celebrate our love for Mary. Here are some of them.

Mary, Mother of God—January 1
The Annunciation—March 25
The Visitation—May 31
The Assumption—August 15
The Birth of Mary—September 8
The Immaculate Conception—December 8
Our Lady of Guadalupe—December 12

# 3 El rosario es una de nuestras devociones más queridas.

◆◆◆◆◆◆◆◆◆◆◆◆◆◆◆◆◆◆◆◆◆◆◆◆

Una de las formas en que los católicos han mostrado su honor a María es a través del *rosario*. El rosario es una oración en la que recordamos los eventos más importantes en las vidas de Jesús y María.

El rosario está dividido en cinco partes de diez cuentas, con una cuenta que separa cada grupo. Cada grupo es llamado una decena. Al principio el rosario tiene un crucifijo y cuatro cuentas.

Empezamos el rosario con el Credo Apostólico en la cruz del rosario, seguido de un Padre Nuestro y tres Ave Marías. Por cada decena, pensamos en un evento o misterio de las vidas de Jesús y María. Después rezamos un Padre Nuestro, diez Ave Marías, y un Gloria al Padre. Terminamos el rosario rezando una Salve. (Los misterios del rosario están en la página 179).

Explica como rezar una decena del rosario.

¿Cómo te podría ser útil el rosario?

Credo Apostólico
Apostles Creed

158

## 3 The rosary is one of our best-loved prayers.

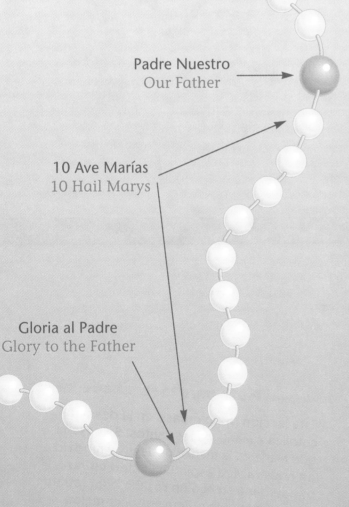

Padre Nuestro
Our Father

10 Ave Marías
10 Hail Marys

Gloria al Padre
Glory to the Father

One of the ways in which Catholics have shown honor to Mary is through the *rosary.* The rosary is a prayer in which we recall major events in the lives of Jesus and Mary.

The rosary is divided into five groups of ten beads with a single bead set before each group. Each group is called a decade. There is also a crucifix and four other beads at the beginning of the rosary.

We begin the rosary by praying the Apostles' Creed on the cross of the rosary, followed by one Our Father and three Hail Marys. For each decade of the rosary we pray one Our Father, ten Hail Marys, and one Glory to the Father. As we pray each decade, we think about an event, or mystery, from the lives of Jesus and Mary. (The mysteries of the rosary are listed on page 181.)

Explain how to pray one decade of the rosary.

How might the rosary be helpful to you?

159

## HE APRENDIDO

Completa las siguientes afirmaciones sobre María y los santos.

❖ Los católicos honran a María porque

_____.

❖ Cuando rezamos el rosario, pensamos en

_____.

❖ Para mí, un santo es alguien que

_____.

## ORACION

Esta es una de las oraciones a María más antigua y amada.

**Dios te salve María llena eres de gracia, el Señor es contigo, bendita eres entre todas las mujeres y bendito es el fruto de tu vientre Jesús. Santa María, madre de Dios, ruega por nosotros pecadores, ahora y en la hora de nuestra muerte. Amén.**

## YO HARE

Si no tienes un rosario, pregunta a tu maestra o a tus padres donde puedes conseguir uno. Dedica unos minutos a contemplar un evento de la vida de Jesús y María. Como por ejemplo el nacimiento de Jesús. Después reza una decena del rosario.

## ecuerda

Los católicos honran a María como la primera entre todos los santos.

Los santos nos enseñan como podemos ser fieles seguidores de Jesús.

## Repaso

1. ¿Qué admiras de María?

2. ¿Por qué honramos a los santos?

3. ¿Qué harás esta semana para aprender más sobre María o algún otro santo?

# I HAVE LEARNED

Complete the following statements on Mary and the saints.

❖ Catholics honor Mary because

_____.

❖ When we pray the rosary, we think about

_____.

❖ To me, a saint is someone who

_____.

## PRAYER

This is one of the oldest and best loved prayers to Mary.

> **Hail Mary, full of grace**
> **the Lord is with you;**
> **blessed are you among women,**
> **and blessed is the fruit**
> **of your womb, Jesus.**
> **Holy Mary, Mother of God,**
> **pray for us sinners now**
> **and at the hour of our death.**
> **Amen.**

# I WILL DO

If you do not have a rosary, ask your teacher or parent where you can get one. Spend a few minutes thinking about a favorite event from the life of Jesus and Mary—the birth of Jesus, for example. Then say one decade of the rosary.

## Remember

Catholics honor Mary as first among all the saints.

The saints show us how we can be faithful followers of Jesus.

## Review

1. What do we admire in Mary?
2. Why do we honor the saints?
3. What will you do this week to learn more about Mary or one of the other saints?

❖❖❖❖❖❖ **Family Note** ❖❖❖❖❖❖

This lesson focuses on Catholic devotion to Mary and the saints. Your child has learned that we look to Mary as the mother of Jesus and the model of our spiritual lives. You might give your child a rosary or a picture of a particular saint he or she would like to know more about.

# Revisión de la cuarta unidad

**Completa las siguientes oraciones.**

1. Las leyes básicas que nos dio Dios

   _____.

2. Alguien que la Iglesia honra por haber sido fiel seguidor de Jesús

   _____.

3. Maneras en las que podemos ayudar a los que sufren físicamente

   _____.

4. Es una oración tradicional a María

   _____.

5. Escoger libremente hacer algo que sabemos es malo es

   _____.

6. La palabra bienaventuranza significa

   _____.

7. La habilidad de distinguir entre el bien y el mal es

   _____.

8. Las guías de Jesús para la verdadera felicidad son

   _____.

9. Maneras en que podemos ayudar a los que sufren espiritualmente son

   _____.

10. Es una señal del perdón de Dios en la Reconciliación

    _____.

De la siguiente lista escoge la palabra o palabras para completar la cita. Después de cada cita escribe quien la dijo.

| nombre | mí | reino | estos más pequeños |
|---|---|---|---|
| mis | luz | prójimo | alianza |
| elegidos | a ti mismo | todo | cuidará |

11. "Si me obedecen y guardan mi _____ ustedes serán mi pueblo,

    mis _____". _____

12. "Darás a _____ un hijo y le pondrás por

    _____ Jesús". _____

13. "Ama a tu _____ como _____ ".

    _____

14. "Busca primero el _____ y Dios _____

    de _____ lo demás". _____

15. "Todo lo que hicieron por uno de _____ que son mis hermanos

    por _____ lo hicieron". _____

## Contesta brevemente.

16. ¿Cuál es la Ley del Amor? _____

17. ¿Qué nos dicen los primeros tres mandamientos? _____

18. ¿Cuáles son las dos formas de celebrar el sacramento de la Reconciliación?

    _____ y _____

19. ¿Cuál es el nombre de la unión de todos los amigos de Dios, vivos y muertos?

    _____

20. Piensa primero. Después contesta esta pregunta. ¿Cuál es la parte más importante del sacramento de la Reconciliación para ti?

    _____

# Unit IV Test

Write the word that best completes each definition.

1. The laws given to us by God are the

   _____.

2. Someone the Church honors as a faithful follower of Jesus is a

   _____.

3. Ways we can care for one another's physical needs are the

   _____.

4. A traditional prayer to Mary is the

   _____.

5. To freely choose to do something that we know is wrong is to

   _____.

6. The word *beatitude* means

   _____.

7. The ability to know right from wrong is

   _____.

8. Jesus' guidelines for true happiness are the

   _____.

9. Ways we can care for one another's spiritual needs are the

   _____.

10. A sign of God's forgiveness in Reconciliation is

    _____.

Complete the following quotations with words
from the word list. After each quotation, write who
said it.

| name | Me | kingdom of God | least important |
|------|------|------|------|
| Mine | birth | neighbor | chosen |
| all | care | covenant | yourself |

11. "If you will obey Me and keep My _____ you will be My own people, my

_____ people." _____

12. "You will give _____ to a son, and you will _____ Him Jesus."

_____

13. "Love your _____ as you love _____." _____

14. "Be concerned above everything else with the _____

and God will take _____ of _____ the rest." _____

15. "Whenever you did anything for one of the _____ of these

brothers or sisters of _____, you did it for _____." _____

Answer the questions on the lines provided.

16. What is the Law of Love?

_____

17. What do the first three commandments tell us?

_____

18. What are the two ways of celebrating the sacrament of Reconciliation?

_____

19. What is the name of the union of all God's friends, living and dead?

_____

20. Think first, then answer this question. For you, what is the most important
    part of the sacrament of Reconciliation?

_____

_____

Encierra en un círculo la respuesta correcta.

1. Toda persona que desea pertenecer a la Iglesia Católica debe
   a. tener padres católicos.
   b. ser cristiana.
   c. ser bienvenida por medio del Bautismo.
   d. recibir la Santa Comunión.

2. Después de la resurrección, los amigos de Jesús se reunían con frecuencia para
   a. llorar.
   b. orar y celebrar la Eucaristía.
   c. protegerse.
   d. hacer una lista de nuevos cristianos.

3. Después que escuchamos las lecturas de la Biblia, en la Misa, el sacerdote o el diácono
   a. nos dice que nos vayamos.
   b. nos hace preguntas.
   c. reza un Padre Nuestro.
   d. explica lo que significan las lecturas en nuestras vidas.

4. Cuando examinamos nuestra conciencia antes de la Reconciliación
   a. planeamos como hacer daño a los que nos han lastimado.
   b. nos preguntamos si hemos amado a Dios, a los demás, y a nosotros mismos.
   c. sabemos que somos buenos.
   d. ayunamos durante doce horas.

5. El rosario es
   a. una ventana con vidrio de colores.
   b. una oración tradicional a María.
   c. un arreglo floral.
   d. una capilla pequeña.

6. Los otros siete mandamientos nos dicen
   a. que leamos la Biblia diariamente.
   b. como amar a los demás.
   c. como rezar el rosario.
   d. como vivir una larga vida.

7. Formamos nuestra conciencia por medio de
   a. imitar lo que hacen nuestros padres.
   b. siguiendo el consejo de nuestro mejor amigo/a.
   c. aprendiendo como tomar decisiones sobre lo que es bueno o malo.
   d. leyendo una buena historia.

8. Las Bienaventuranzas son guías dadas por Jesús para
   a. la verdadera felicidad.
   b. la buena salud.
   c. los no creyentes.
   d. los sacerdotes y diáconos solamente.

9. Las Obras Corporales de Misericordia son
   a. lo que dice el sacerdote al final de la Misa.
   b. cosas que nuestros padres nos obligan a hacer en la casa.
   c. oraciones para los muertos.
   d. maneras en las que podemos ayudar a los que sufren físicamente.

10. Los primeros tres mandamientos nos dicen
    a. lo malo que somos.
    b. como hacer amigos.
    c. como amar a Dios.
    d. cuando cantar durante la Misa.

## Contesta las siguientes preguntas:

**11.** ¿Qué pasa durante el sacramento del Bautismo?

_____

**12.** ¿Qué es la Misa?

_____

**13.** ¿Qué son las Bienaventuranzas?

_____

**14.** ¿Cuál es la diferencia entre pecado y tentación?

_____

**15.** ¿Quién es un santo?

_____

**16.** ¿A qué nos ayudan las Obras Espirituales de Misericordia?

_____

**17.** ¿Por qué Dios nos dio los mandamientos?

_____

**18.** ¿Qué quiere decir la palabra bienaventuranza?

_____

**19.** ¿Cuáles son pasos a seguir para el sacramento de Reconciliación?

_____

**20.** Piensa primero. Después contesta a esta pregunta. Jesús dijo: "Ven y sígueme". Como creyente católico, ¿cómo estás haciendo esto? (Si es necesario usa otra hoja de papel para contestar).

_____

_____

# Summary Two Test

Circle the correct answer.

1. Each person who wishes to join the Catholic Church must
   a. have Catholic parents.
   b. be a Christian.
   c. be welcomed through Baptism.
   d. have received Holy Communion.

2. After the resurrection of Jesus, His friends often met together to
   a. cry.
   b. pray and celebrate the Eucharist.
   c. be safe.
   d. make a list of new Christians.

3. After we hear the readings from the Bible, the priest or deacon
   a. tells us to leave.
   b. asks us questions.
   c. prays the Our Father.
   d. explains their meaning for our lives.

4. When we examine our conscience before Reconciliation, we
   a. plan how to hurt those who have hurt us.
   b. ask ourselves whether we have loved God, others, and ourselves.
   c. know we are good.
   d. fast for 12 hours.

5. The first three commandments tell us
   a. how bad we are.
   b. how to make friends.
   c. how to love God.
   d. when to sing during Mass.

6. The other seven commandments tell us
   a. to read the Bible daily.
   b. how to love others.
   c. how to pray the rosary.
   d. how to live a long life.

7. We form our conscience by
   a. copying what our parents do.
   b. following our best friend's advice.
   c. learning to make decisions about right and wrong.
   d. reading a good story.

8. The Beatitudes are Jesus' guidelines for
   a. true happiness.
   b. good health.
   c. non-believers.
   d. priests and deacons only.

9. The Corporal Works of Mercy are
   a. what the priest says at the end of Mass.
   b. things our parents make us do at home.
   c. prayers for the dead.
   d. ways we can care for one another's physical needs.

10. The rosary is
    a. a stained-glass window.
    b. a traditional prayer to Mary.
    c. a flower arrangement.
    d. a small chapel.

Answer each question.

11. What happens in the sacrament of Baptism?

_____

12. What is the Mass?

_____

13. What are the Beatitudes?

_____

14. What is the difference between a sin and a temptation?

_____

_____

15. What is a saint?

_____

16. What do the Spiritual Works of Mercy help us to do?

_____

17. Why did God give us the commandments?

_____

18. What does the word *beatitude* mean?

_____

19. Name the steps in the sacrament of Reconciliation.

_____

_____

20. Think first, then answer this question. Jesus said, "Come, follow Me." As a believing Catholic, how are you doing this? (Use another piece of paper to answer this.)

# Revisión de la doctrina

**1** **¿Qué es la Iglesia Católica?**

La Iglesia Católica es la comunidad de los cristianos quienes se han hecho seguidores de Cristo Jesús por medio del Bautismo y siguen la guía y autoridad del papa y los obispos.

**2** **¿Qué es la oración?**

Oración es hablar y escuchar a Dios.

**3** **Nombra las tres personas de la Santísima Trinidad.**

Las tres personas de la Santísima Trinidad son Dios Padre, Dios Hijo y Dios Espíritu Santo.

**4** **¿Qué es pecado original?**

Pecado original es el pecado cometido por nuestros primeros padres. Todos sufrimos los efectos de ese pecado.

**5** **¿Quién es nuestro Salvador?**

Jesucristo, el Hijo de Dios, quien nos salvó del pecado y la muerte.

**6** **¿Qué quiere decir la palabra encarnación?**

Encarnación es la palabra que se usa para describir el misterio de Dios hecho hombre.

**7** **¿Qué quiere decir la palabra evangelio?**

Evangelio quiere decir buenas noticias.

**8** **¿Qué pasó el Jueves Santo?**

El Jueves Santo Jesús compartió su última cena con sus amigos. En esa cena Jesús cambió el pan y el vino en su Cuerpo y Sangre.

**9** **¿Por qué Jesús sufrió, murió y resucitó a una nueva vida?**

Jesús sufrió y murió para salvarnos del pecado y la muerte para que pudiéramos vivir eternamente con Dios.

**10** **¿Quiénes eran los apóstoles?**

Los apóstoles eran doce hombres escogidos por Jesús para guiar a su Iglesia.

**11** **¿Qué pasó en la festividad de Pentecostés?**

El Espíritu Santo vino a los discípulos de Jesús y los fortaleció para que compartieran la buena nueva de Jesús.

**12** **¿Cuáles son las características de la Iglesia?**

Las características de la Iglesia son cuatro; una, santa, católica, y apostólica.

**13** **¿Quién fue el primer líder de la Iglesia Católica?**

San Pedro fue el primer líder de la Iglesia.

**14** **¿Qué es un sacramento?**

Es un signo poderoso por medio del cual Jesús comparte la vida y el amor de Dios con nosotros.

**15** **¿Qué es el sacramento del Bautismo?**

Es el sacramento que nos libera del pecado, nos hace hijos de Dios y miembros de la Iglesia.

**16** **¿Qué es el sacramento de Confirmación?**

Es el sacramento por medio del cual el Espíritu Santo viene a nosotros de manera especial y nos da valor para vivir como discípulos de Jesús.

**17** **¿Qué es la Eucaristía?**

Es el sacramento del Cuerpo y la Sangre de Cristo. Es una comida y un sacrificio.

**18** **¿Qué es la Santa Comunión?**

Es el regalo de Jesús mismo bajo las apariencias de pan y vino. Cuando recibimos la Santa Comunión recibimos el Cuerpo y la Sangre de Cristo.

**19** **¿Qué es la Misa?**

Es nuestra celebración del Sacramento de la Eucaristía y nuestra mayor oración de acción de gracias y adoración a Dios.

**20** **¿Qué son los Diez Mandamientos?**

Leyes dadas por Dios para ayudarnos a vivir como su pueblo.

**21** **¿Qué son las Bienaventuranzas?**

Guías para alcanzar la verdadera felicidad enseñadas por Jesús.

**22** **¿Qué es el sacramento de la Reconciliación?**

Un signo por medio del cual celebramos el amor y el perdón de Dios.

**23** **¿Qué es pecado?**

Un acto libre de hacer algo que sabemos es malo; es desobedecer la ley de Dios a propósito.

**24** **¿Qué son las Obras Corporales de Misericordia?**

Son formas en que ayudamos a los demás en sus necesidades físicas.

**25** **¿Qué son las Obras Espirituales de Misericordia?**

Son formas en que ayudamos a los demás en sus necesidades espirituales.

**26** **¿Quién es María?**

La Virgen María es la madre de Jesús el Hijo de Dios, nuestro Salvador.

# A Doctrinal Review

**1** **What is the Catholic Church?**

The Catholic Church is the community of Christians who become followers of Jesus Christ through Baptism and follow the leadership and authority of the pope and bishops.

**2** **What is prayer?**

Prayer is talking and listening to God.

**3** **Name the three Persons of the Holy Trinity.**

The three Persons of the Holy Trinity are God the Father, God the Son, and God the Holy Spirit.

**4** **What is original sin?**

Original sin is the sin of our first parents in which all of us share.

**5** **Who is our Savior?**

Jesus Christ, the Son of God, who saved us from sin and death is our Savior.

**6** **What does the word incarnation mean?**

Incarnation is the word used to describe the mystery of God becoming one of us in Jesus.

**7** **What does the word gospel mean?**

Gospel is a word that means good news.

**8** **What happened on Holy Thursday?**

On Holy Thursday Jesus shared His last supper with His friends. At that supper Jesus changed bread and wine into His Body and Blood.

**9** **Why did Jesus suffer and die and rise again to new life?**

Jesus suffered and died to save us from sin and death so that we might have eternal life and live forever with God.

**10** **Who were the apostles?**

The apostles were twelve men chosen by Jesus to lead His Church.

**11** **What happened on the feast of Pentecost?**

The Holy Spirit came to the followers of Jesus, filled them with courage and love, and helped them to share Jesus' good news.

**12** **What are the marks of the Church?**

The marks of the Church are one, holy, catholic, and apostolic.

**13** **Who was the first leader of the Catholic Church?**

Saint Peter was the first leader of the Church.

**14** **What is a sacrament?**

A sacrament is a powerful sign through which Jesus shares God's life and love with us.

**15** **What is the sacrament of Baptism?**

Baptism is the sacrament by which we are freed from sin, become children of God, and are welcomed as members of the Church.

**16** **What is the sacrament of Confirmation?**

Confirmation is the sacrament in which the Holy Spirit comes to us in a special way to give us courage to live as Jesus' disciples.

**17** **What is the Holy Eucharist?**

The Eucharist is the sacrament of the Body and Blood of Jesus. It is a meal and a sacrifice.

**18** **What is Holy Communion?**

Holy Communion is the gift of Jesus Himself under the appearances of bread and wine. When we receive Holy Communion, we receive the Body and Blood of Christ.

**19** **What is the Mass?**

The Mass is our celebration of the sacrament of the Eucharist and our greatest prayer of thanks and praise to God.

**20** **What are the Ten Commandments?**

The Ten Commandments are laws God gave us to help us live as God's people.

**21** **What are the Beatitudes?**

The Beatitudes are Jesus' guidelines for true happiness.

**22** **What is the sacrament of Reconciliation?**

The sacrament of Reconciliation is a powerful sign by which we celebrate God's love and forgiveness.

**23** **What is sin?**

Sin is freely choosing to do something that we know is wrong. It is disobeying God's law on purpose.

**24** **What are the Corporal Works of Mercy?**

The Corporal Works of Mercy are ways we care for one another's physical needs.

**25** **What are the Spiritual Works of Mercy?**

The Spiritual Works of Mercy are ways we care for one another's spiritual needs.

**26** **Who is Mary?**

Mary is the Blessed Virgin. She is the mother of Jesus Christ, God's Son and our Savior.

# El Año Litúrgico

Las estaciones del año litúrgico son Adviento, Navidad, Cuaresma, Triduum Pascual, Pascua y Tiempo Ordinario. Cada una nos ayuda a recordar algo acerca de la vida de Jesús.

**Navidad** · **Tiempo Ordinario** · **Cuaresma** · **Triduum** · **Adviento** · **El Año Liturgico** · **Pascua** · **Tiempo Ordinario**

## Adviento

El Adviento es un tiempo de preparación para la Navidad. Recordamos los largos años cuando Dios preparó al mundo para el nacimiento de Cristo Jesús.

El tiempo de Adviento comienza cuatro domingos antes del 25 de diciembre y termina en la Misa de la Vigilia de Navidad (Misa del Gallo). El color de las vestiduras es morado o azul.

## Navidad

La Navidad es un tiempo de alegría y amor. Celebramos el nacimiento de Jesús, el Hijo de Dios.

La Navidad comienza con la Misa de Vigilia de Navidad y termina con la festividad del Bautismo del Señor. El color de las vestiduras de este tiempo es blanco. También se usan vestiduras doradas. Estos colores alegres y radiantes significan la alegría por el nacimiento de Jesús.

## Cuaresma

Cuaresma es un tiempo donde nos preparamos para la Pascua. Durante la Cuaresma tratamos de acercarnos más a Dios haciendo oraciones especiales y actos de servicio a nuestra familia y a otras personas. También es un buen tiempo para celebrar el sacramento de la Reconciliación.

El tiempo de Cuaresma es un período de cuarenta días que comienza el Miércoles de Ceniza y termina un poco antes de la liturgia del Jueves Santo. Una vez más el color de las vestimentas del sacerdote es el morado (tiempo de preparación).

## Triduum Pascual

El tiempo entre el final de la Cuaresma y el Domingo de Pascua se llama el Triduum (Triduo) Pascual. Este es un período de tres días, desde la tarde del Jueves Santo, hasta la tarde del Domingo de Resurrección. Este es el tiempo más importante en el año de la Iglesia.

## Pascua

El tiempo de Pascua comienza el Domingo de Pascua y termina el Domingo de Pentecostés. El color de las vestiduras del sacerdote es blanco o dorado. Ambos colores significan la alegría de este tiempo de resurrección. El Domingo de Pentecostés celebramos la venida del Espíritu Santo el sacerdote se viste de rojo, el color del fuego.

## Tiempo Ordinario

Todos los demás domingos del año son llamados Tiempo Ordinario. Durante el Tiempo Ordinario, las lecturas siguen el patrón de un evangelio en particular. Esto es para ayudarnos a entender más nuestra fe y la historia de la salvación. El color litúrgico para el Tiempo Ordinario es verde, el color de la esperanza.

# The Liturgical Year

The seasons of the liturgical year include Advent, Christmas, Lent, Easter Triduum, Easter, and Ordinary Time. Each season helps us to remember something about the life of Jesus.

Christmas • Ordinary Time • Lent • Triduum • Easter • Advent

**The Liturgical Year**

Ordinary Time

## Advent ◆◆◆◆◆◆◆◆◆◆◆◆◆◆◆◆◆◆◆◆◆◆◆◆◆◆◆◆◆

Advent is a time of preparation for Christmas. We recall the long years when God prepared the world for the birth of Jesus.

The Advent season begins four Sundays before December 25, and ends at the Christmas Vigil Mass. The color of the vestments that the priest wears at this time is violet.

## Christmas

Christmas is a time of great joy and love. We celebrate the birth of Jesus, the Son of God.

The Christmas season begins at the Vigil Mass on Christmas Eve and ends on the feast of the Baptism of the Lord. The color of the vestments for this season is white. You may also see gold vestments at this time. These joyous colors symbolize our joyful celebration of the birth of Jesus.

## Lent

Lent is a time when we get ready for Easter. During Lent we try to grow closer to Jesus through special prayers and acts of service to our family and other people. It is also a good time to celebrate the sacrament of Reconciliation.

The season of Lent is a period of 40 days that begins on Ash Wednesday, and ends just before the Holy Thursday liturgy. Once again the color of the priest's vestments at this time is violet.

## Easter Triduum

The time between the end of Lent and Easter Sunday is called the Easter Triduum. This is a period of three days from Holy Thursday evening until Easter Sunday evening. This is the most important time of the Church year.

## Easter

The Easter season begins on Easter Sunday and ends on Pentecost Sunday. The color of the priest's vestments is white or gold. Both of these colors signify the joy of the season of resurrection.

## Ordinary Time

All of the other Sundays throughout the year are called Ordinary Time. During Ordinary Time, the readings usually follow a pattern set by a particular gospel. This is done to help us understand more about our faith and the story of salvation. The liturgical color for Ordinary Time is green, the color of hope.

# ORACIONES

## Para rezar en la mañana

Dios mío, te ofrezco todas mis oraciones, trabajos y sufrimientos de este día por todas las intenciones de tu Sacratísimo Corazón. Amén.

## Oración para rezar antes de acostarse

Querido Dios, antes de irme a dormir quiero agradecerte este día, llenos de tu bondad y gozo. Cierro mis ojos y descanso seguro de tu amoroso cuidado.

## Oración por mi vocación

Dios mío, tienes un plan grande y hermoso para mí. Quiero compartir ese plan con fe, amor y gozo.

## Credo Apostólico

Creo en Dios, Padre todopoderoso, Creador del cielo y de la tierra. Creo en Jesucristo, su único Hijo, nuestro Señor, que fue concebido por obra y gracia del Espíritu Santo, nació de santa María Virgen, padeció bajo el poder de Poncio Pilato, fue crucificado, muerto y sepultado, descendió a los infiernos, al tercer día resucitó de entre los muertos, subió a los cielos y está sentado a la derecha de Dios, Padre todopoderoso. Desde allí ha de venir a juzgar a vivos y muertos.

Creo en el Espíritu Santo, la santa Iglesia Católica, la comunión de los santos, el perdón de los pecados, la resurrección de la carne y la vida eterna. Amén.

## Oración para antes de las comidas

Bendícenos, Señor, y a estos alimentos que hemos recibido de tu bondad, por Cristo nuestro Señor. Amén.

## Oración para después de las comidas

Te damos gracias, Señor todopoderoso, por este y todos los dones que hemos recibido de ti, por Cristo nuestro Señor. Amén.

# Salve Regina

Dios te salve, Reina y Madre de misericordia, vida, dulzura y esperanza nuestra. ¡Dios te salve! A ti clamamos los desterrados hijos de Eva. A ti suspiramos, gimiendo y llorando en este valle de lágrimas. Ea pues, Señora, abogada nuestra. Vuelve a nosotros esos tus ojos misericordiosos, y después de este destierro, muéstranos a Jesús, fruto bendito de tu vientre. ¡Oh clemente, oh piadosa, oh dulce Virgen María!

Ruega por nosotros, Santa Madre de Dios, para que seamos dignos de alcanzar las promesas de Jesucristo nuestro Señor. Amén.

# Oración de San Francisco

Señor, hazme un intrumento de tu paz;
donde haya odio, siembre yo amor;
donde haya injuria, perdón;
donde haya duda, fe;
donde haya desaliento, esperanza;
donde haya sombra, luz;
donde haya tristeza alegría.
Oh divino Maestro, concédeme
que no busque ser consolado, sino consolar;
ser comprendido, sino comprender;
ser amado, sino amar.
Porque dando es como recibimos;
perdonando es como tú nos perdonas;
y muriendo en ti es como nacemos a la vida eterna.

# Rezando el rosario

## Misterios Gozosos

❖ La anunciación.

❖ La visita de María a Santa Isabel.

❖ El nacimiento de Jesús.

❖ La presentación de Jesús en el Templo.

❖ El niño perdido y hallado en el Templo.

## Misterios Dolorosos

❖ La agonía de Jesús en el huerto.

❖ Jesús azotado en la columna.

❖ La coronación de espinas.

❖ Jesús con la cruz a cuestas.

❖ La crucifixión y muerte de Jesús.

## Misterios Gloriosos

❖ La resurrección de Jesús.

❖ La ascensión de Jesús al cielo.

❖ La venida del Espíritu Santo.

❖ La asunción de la Virgen al cielo.

❖ La coronación de la Virgen.

# Oración al Espíritu Santo

Ven Espíritu Santo,
llena los corazones de tus fieles
y enciende en ellos el fuego de tu amor.
Envía tu espíritu y serán creados y renovarás la faz de la tierra.

# PRAYERS

## Morning Offering

O Jesus, I offer you all my prayers, works, and sufferings of this day for all the intentions of your most Sacred Heart. Amen.

## Evening Prayer

Dear God,
before I sleep
I want to thank you for this day,
so full of your kindness
and your joy.
I close my eyes to rest
safe in your loving care.

## Prayer for My Vocation

Dear God,
You have a great and loving plan
for our world and for me.
I wish to share in that plan fully,
faithfully, and joyfully.

## The Apostles' Creed

I believe in God, the Father Almighty,
creator of heaven and earth.

I believe in Jesus Christ,
his only Son, our Lord.
He was conceived by the power
of the Holy Spirit
and born of the Virgin Mary.
He suffered under Pontius Pilate,
was crucified, died, and was buried.
He descended to the dead.
On the third day he rose again.
He ascended into heaven,
and is seated at the right hand
of the Father.
He will come again to judge
the living and the dead.

I believe in the Holy Spirit,
the holy catholic Church,
the communion of saints,
the forgiveness of sins,
the resurrection of the body,
and the life everlasting. Amen.

## Grace Before Meals

Bless us, O Lord,
and these your gifts
which we are about to receive
from your bounty,
through Christ our Lord. Amen.

## Grace After Meals

We give you thanks, almighty God,
for these and all your gifts
which we have received
through Christ our Lord. Amen.

# Hail, Holy Queen

Hail, Holy Queen, Mother of Mercy,
our life, our sweetness,
and our hope! To you do we cry,
poor banished children of Eve;
to you do we send up our sighs,
mourning and weeping in this
valley of tears. Turn, then,
most gracious advocate,
your eyes of mercy toward us,
and after this our exile,
show us the blessed
fruit of your womb, Jesus.
O clement, O loving,
O sweet Virgin Mary!

# Prayer of Saint Francis

Lord, make me an instrument of your
peace:
where there is hatred, let me sow love;
where there is doubt, faith;
where there is despair, hope;
where there is darkness, light;
where there is sadness, joy.
O Divine Master, grant that I may not
so much seek
to be consoled as to console,
to be understood as to understand,
to be loved as to love.
For it is in giving that we receive,
it is in pardoning that we are pardoned,
and it is in dying that we are born
to eternal life.

# Praying the Rosary

**The Joyful Mysteries:**

❖ The annunciation

❖ The visitation

❖ The birth of Jesus

❖ The presentation of Jesus in the Temple

❖ The finding of Jesus in the Temple

**The Sorrowful Mysteries:**

❖ The agony in the garden

❖ The scourging at the pillar

❖ The crowning with thorns

❖ The carrying of the cross

❖ The crucifixion and death of Jesus

**The Glorious Mysteries:**

❖ The resurrection

❖ The ascension

❖ The Holy Spirit comes upon the apostles

❖ The assumption of Mary into heaven

❖ The coronation of Mary in heaven

# Prayer to the Holy Spirit

Come, Holy Spirit,
fill the hearts of your faithful
and enkindle in them
the fire of your love.
Send forth your Spirit and
they shall be created, and
you shall renew the face of the earth.

# GLOSARIO

**Absolución:** El perdón de nuestros pecados por medio de las palabras y acciones del sacerdote.

**Adorar:** Alabar y bendecir a Dios.

**Apóstoles:** Doce amigos que Jesús escogió para ser líderes de la Iglesia.

**Ascensión:** El retorno de Jesús al cielo.

**Bautismo:** El sacramento por medio del cual somos liberados del pecado, nos hacemos hijos de Dios y miembros de la Iglesia.

**Biblia:** Libro donde leemos la palabra de Dios y la historia de Dios y su pueblo.

**Bienaventuranzas:** Guías ofrecidas por Jesús para lograr la verdadera felicidad.

**Características de la Iglesia:** Una, santa, católica y apostólica; rasgos que distinguen a nuestra Iglesia Católica.

**Comunión de los santos:** La unión de todos los amigos de Dios, vivos y muertos.

**Conciencia:** La habilidad de distinguir entre el bien y el mal.

**Confirmación:** El sacramento por medio del cual el Espíritu Santo nos llena de valor y fortaleza para vivir como discípulos de Jesús.

**Creador:** Un nombre para Dios quien creó el universo y todo lo que hay en él.

**Crucifijo:** Una cruz con la figura de Jesús.

**Diez Mandamientos:** Leyes básicas dadas por Dios para ayudarnos a vivir como hijos de Dios.

**Diócesis:** Un grupo de parroquias que tienen un obispo por líder.

**Discípulo:** El que aprende de Jesús y sigue su doctrina.

**Divino:** Palabra usado sólo para describir a Dios.

**Domingo de Pascua:** El día en que celebramos que Jesús resucitó de entre los muertos.

**Dones del Espíritu Santo:**

*Sabiduría*—El poder de saber lo que Dios quiere de nosotros.

*Fortaleza*—Nos ayuda a hacer la voluntad de Dios aun cuando tengamos miedo.

*Entendimiento*—Nos ayuda a vivir de la forma que Jesús quiere.

*Consejo*—Nos ayuda a enseñar lo correcto a otros.

*Ciencia*—Nos ayuda a conocer nuestra fe y lo que necesitamos para servir a Dios.

*Temor a Dios*—Nos ayuda a poner a Dios antes que todas las cosas, mostrar respeto por el nombre de Dios, el nombre de Jesús y los santos lugares.

*Piedad*—Nos ayuda a mostrar nuestro amor por Dios en nuestros pensamientos, palabras y obras.

**Encarnación:** El misterio de que el Hijo único de Dios se hizo hombre.

**Eucaristía:** El sacramento del Cuerpo y la Sangre de Cristo Jesús. Es una comida y un sacrificio.

**Evangelio:** La buena nueva del amor de Dios por nosotros.

**Evangelios:** Los cuatro libros del Nuevo Testamento que describen la vida y las enseñanzas de Jesús.

**Examen de conciencia:** Nos preguntamos si hemos amado a Dios, a otros y a nosotros mismos.

**Formando nuestra conciencia:** Aprendiendo a tomar decisiones acerca del bien y el mal.

**Gracia:** El amor y la vida de Dios en nosotros.

**Iglesia Católica:** La comunidad de los cristianos bautizados que respetan el liderazgo y autoridad del papa y los obispos.

**Jueves Santo:** El día en que recordamos que Jesús instituyó la Eucaristía en la Ultima Cena.

**Juicio final:** El día en que Jesús vendrá a juzgar a todas las naciones al final de los tiempos.

**Justicia:** Tratar justamente a todos y preocuparse por los demás.

**Ley del Amor:** Amar a Dios con todo tu corazón con toda tu alma y toda tu mente y al prójimo como a ti mismo.

**Liturgia:** La forma oficial en que adoramos a Dios en la Iglesia Católica, incluyendo la Misa y los sacramentos.

**Matrimonio:** El sacramento que une para siempre la vida de un hombre y una mujer.

**Misa:** Nuestra celebración de la Eucaristía y nuestra mayor oración de acción de gracias y alabanza a Dios.

**Obispo:** Un sucesor de los apóstoles que enseña, sirve y guía a la Iglesia.

**Obras Corporales de Misericordia:** Formas en que mostramos nuestro amor ayudando a los demás en sus necesidades físicas.

**Obras Espirituales de Misericordia:** Formas en las que podemos mostrar nuestro amor por los que sufren espiritualmente.

**Ordenes Sagradas:** Sacramento por medio del cual son ordenados los ministros de la Iglesia; obispos, sacerdotes, diáconos.

**Papa:** Obispo de Roma y sucesor de Pedro, que dirige y sirve a toda la Iglesia.

**Parroquia:** Una comunidad de católicos, guiada por un párroco.

**Pecado:** Elegir libremente hacer algo que sabemos está mal desobedeciendo la ley de Dios a propósito.

**Pecado mortal:** Un pecado grave que nos separa de Dios.

**Pecado original:** El pecado cometido por nuestro primeros padres. Todos sufrimos los efectos de ese pecado.

**Pecado venial:** Un pecado leve que debilita nuestra amistad con Dios.

**Penitencia:** Una forma de mostrar que estamos arrepentidos de nuestros pecados.

**Pentecostés:** El día que el Espíritu Santo vino a los discípulos. Es el nacimiento de la Iglesia.

**Reconciliación:** El sacramento con el que celebramos el perdón de Dios.

**Reino de Dios:** El poder del amor de Dios en nuestros corazones.

**Resurrección:** Jesús resucitando de la muerte a una nueva vida.

**Rosario:** Oración tradicional a María formada por cinco decenas. En cada una rezamos un Padre Nuestro, diez Ave Marías y un Gloria al Padre.

**Sacramento:** Poderoso signo por medio del cual Jesús comparte con nosotros la vida y el amor de Dios. Los sacramentos son siete.

**Salvación:** Libertad del pecado y la muerte por medio de la vida, muerte y resurrección de Cristo Jesús.

**Salvador:** Jesús, el Hijo de Dios, quien nos salvó del pecado y la muerte.

**Santa Comunión:** Recibir a Jesús mismo en la Eucaristía bajo las especies de pan y vino.

**Santísima Trinidad:** Tres personas en un solo Dios: Dios Padre, Dios Hijo y Dios Espíritu Santo.

**Santísimo Sacramento:** Otro mombre para la Eucaristía.

**Santo:** Alguien a quien la Iglesia honra como un fiel seguidor de Jesús.

**Signo:** Algo que vemos, escuchamos, tocamos o podemos saborear pero que representa otra cosa más importante.

**Tentación:** El deseo de hacer algo malo.

**Triduum Pascual:** El tiempo más solemne de la Iglesia. Se inicia con la Misa del Jueves Santo y termina con las oraciones en la tarde del Domingo de Resurrección.

**Ultima Cena:** La comida especial que Jesús compartió con sus discípulos la noche antes de su muerte.

**Unción de los Enfermos:** Sacramento por medio del cual Dios bendice de forma especial a los enfermos, los ancianos y los moribundos.

**Vida eterna:** Vivir eternamente con Dios.

**Viernes Santo:** El día en que celebramos la muerte de Jesús.

Para ayudarnos a vivir nuestra fe católica diariamente, cumplimos las *Leyes de la Iglesia*.

1. Celebrar la resurrección de Cristo todos los domingos o sábados en la tarde y los días de obligación, participando en la Misa y evitando trabajo innecesario.

2. Vivir una vida sacramental. Recibir con frecuencia la Santa Comunión y el sacramento de la Reconciliación. Debemos recibir la Santa Comunión por lo menos una vez al año durante la Cuaresma o la Pascua de Resurrección. Debemos confesar dentro del año si hemos cometido pecado grave.

3. Estudiar las enseñanzas católicas, especialmente cuando nos preparamos para los sacramentos.

4. Observar la ley del matrimonio católico y enseñar la fe católica a nuestros hijos.

5. Fortalecer y apoyar a la Iglesia; nuestra parroquia, la Iglesia en general y al Santo Padre.

6. Hacer penitencia, incluyendo ayuno y abstinencia algunos días.

7. Unirse al trabajo misionero de la Iglesia.

# GLOSSARY

**Absolution:** The forgiveness of our sins through the words and actions of the priest.

**Anointing of the Sick:** The sacrament in which God's special blessings are brought to those who are sick, elderly, or dying.

**Apostles:** Twelve of Jesus' friends chosen by Him to lead His Church.

**Ascension:** Jesus' return to heaven.

**Baptism:** The sacrament by which we are freed from sin, become children of God, and are welcomed as members of the Church.

**Beatitudes:** Jesus' guidelines for true happiness.

**Bible:** The book in which we read the word of God for our lives.

**Bishop:** A successor to the apostles in teaching, serving, and leading the Church.

**Blessed Sacrament:** Another name for the Eucharist.

**Blessed Trinity:** The three Persons in one God: God the Father, God the Son, and God the Holy Spirit.

**Catholic Church:** The community of Christians who become followers of Jesus Christ through Baptism and follow the leadership and authority of the pope and bishops.

**Communion of saints:** The union of all God's friends, living and dead.

**Confirmation:** The sacrament in which the Holy Spirit comes to us in a special way to give us courage to live as Jesus' disciples.

**Conscience:** The ability to know right from wrong.

**Corporal Works of Mercy:** The ways we care for one another's physical needs.

**Creator:** A name for God who made the universe and everything in it.

**Crucifix:** A cross with the figure of Jesus on it.

**Diocese:** A group of parishes that has a bishop as its leader.

**Disciple:** One who learns from and follows Jesus Christ.

**Divine:** A word used to describe God alone.

**Easter Sunday:** The day on which we celebrate the resurrection of Jesus from the dead.

**Easter Triduum:** The most important time of the Church year. It begins with Evening Mass on Holy Thursday and ends with Evening Prayer on Easter Sunday.

**Eternal life:** Living forever with God.

**Eucharist:** The sacrament of the Body and Blood of Christ. It is a meal and a sacrifice.

**Examination of conscience:** Asking ourselves whether we have loved God, others, and ourselves.

**Forming our conscience:** Learning how to make decisions about what is right and wrong.

**Gifts of the Holy Spirit:**

*Wisdom*—Gives us the power to know what God wants us to do.

*Understanding*—Helps us to see how Jesus wants us to live in our world.

*Right judgment*—Helps us to assist others in knowing what is right.

*Courage*—Helps us to do what God wants, even when we are afraid.

*Knowledge*—Helps us to know our faith and what is needed to serve God.

*Reverence*—Helps us to show our love for God in all our thoughts, words, and actions.

*Wonder and awe*—Helps us to put God first in our lives and to show respect for God's name, the holy name of Jesus, holy places and things.

**Good Friday:** The day on which we remember that Jesus died for us.

**Gospel:** The good news of God's love for us.

**Gospels:** The first four books of the New Testament that describe the life and teachings of Jesus.

**Grace:** God's life and love in us.

**Holy Communion:** The gift of Jesus Himself under the appearances of bread and wine.

**Holy Orders:** The sacrament that confers the ordained ministry of bishops, priests, and deacons.

**Holy Spirit:** The third Person of the Blessed Trinity who guides and helps the Church.

**Holy Thursday:** The day on which we remember that Jesus gave us the Eucharist at the Last Supper.

**Incarnation:** The mystery of God "becoming flesh," or becoming one of us in Jesus.

**Justice:** Treating all people fairly.

**Kingdom of God:** The reign, or rule, of God in our hearts.

**Last judgment:** When Jesus will come to judge all people at the end of time.

**Last Supper:** The special meal Jesus shared with His friends the night before He died.

**Law of Love:** The most important of God's laws: to love God with all your heart, soul, and mind and to love your neighbor as yourself.

**Liturgy:** The official public worship of the Church, including the celebration of Mass and the other sacraments.

**Marks of the Church:** One, holy, catholic, apostolic; identifying qualities of the Catholic Church.

**Mass:** Our celebration of the Eucharist and our greatest prayer of thanks and praise to God.

**Matrimony:** The sacrament that joins a man and a woman together for life.

**Mortal sin:** A very serious sin that turns us away from God's love.

**Original sin:** The sin of our first parents in which all of us share.

Parish: A community of Catholics, led by a pastor.

Penance: A way for us to show that we are sorry for our sins.

Pentecost: The day the Holy Spirit came to the followers of Jesus. It is the birthday of the Church.

Pope: The bishop of Rome; the successor to Saint Peter who leads and serves the whole Church.

Reconciliation: The sacrament by which we celebrate God's love and forgiveness.

Resurrection: Jesus' rising from death to new life.

Rosary: A traditional prayer to Mary made up of at least five decades. For each decade we pray one Our Father, ten Hail Marys, and one Glory to the Father.

Sacrament: A powerful sign through which Jesus shares God's life and love with us. There are seven sacraments.

Saint: Someone the Church honors as a faithful follower of Jesus.

Salvation: Freedom from sin and death through the life, death, and resurrection of Jesus Christ.

Savior: Jesus, the Son of God, who saved us from sin and death.

Sign: Something we see, hear, touch, or taste that stands for something else and points to something more important.

Sin: Freely choosing to do something that we know is wrong; disobeying God's law on purpose.

Spiritual Works of Mercy: The ways we care for one another's spiritual needs.

Temptation: A strong feeling to do or want something wrong.

Ten Commandments: The laws given to us by God to help us live as God's people.

Venial sin: A less serious sin that weakens our friendship with God.

Worship: To praise and honor God.

To help us live our Catholic faith each day, we follow the *Laws of the Church.*

1. Celebrate Christ's resurrection every Sunday (or Saturday evening) and on holy days of obligation by taking part in Mass and avoiding unnecessary work.

2. Lead a sacramental life. Receive Holy Communion frequently and the sacrament of Penance, or Reconciliation, regularly. We must receive Holy Communion at least once a year at Lent–Easter. We must confess within a year, if we have committed a serious, or mortal, sin.

3. Study Catholic teaching throughout life, especially in preparing for the sacraments.

4. Observe the marriage laws of the Catholic Church and give religious training to one's children.

5. Strengthen and support the Church: one's own parish, the worldwide Church, and the Holy Father.

6. Do penance, including not eating meat and fasting from food on certain days.

7. Join in the missionary work of the Church.

# Sacramento de Reconciliación

## Rito Individual

El sacerdote me saluda.

Hago la señal de la cruz.
El sacerdote me pide que confíe en la misericordia del Señor.

El sacerdote lee la Palabra de Dios (opcional).

Le hablo al sacerdote acerca de mí.
Confieso mis pecados: lo que hice mal y el por qué.
El sacerdote me dice cómo puedo demostrar mejor mi amor a Dios y a
los demás.
El sacerdote me da una penitencia.

Rezo el Acto de Contrición.
En el nombre de Dios y de la Iglesia,
el sacerdote me da la absolución.
(El puede extender las manos o penerlas en mi cabeza).
Esto quiere decir que Dios ha perdonado mis pecados.

Juntos el sacerdote y yo damos gracias a Dios.

## Rito Comunitario

Cantamos un himno para empezar y el sacerdote nos saluda.
El sacerdote reza una oración de apertura.

Escuchamos una lectura de la Biblia y una corta homilía.
Examinamos nuestra conciencia.
Rezamos un Acto de Contrición.

Podemos rezar una oración o una letanía o cantar una canción,
después rezamos el Padre Nuestro.

Confesamos nuestros pecados al sacerdote.
En el nombre de Dios y de la comunidad cristiana,
el sacerdote nos da a cada uno la penitencia y la absolución.

Rezamos una oración juntos para concluir la celebración.

El sacerdote nos da la bendición, y salimos con
la paz y la alegría de Cristo.

# Sacrament of Reconciliation

## Individual Rite

The priest greets me.

I make the sign of the cross.
The priest asks me to trust in God's mercy.

He or I may read something from the Bible.

I talk with the priest about myself.
I confess my sins: what I did wrong and why.
The priest talks to me about loving God and others.
He gives me a penance.

I make an Act of Contrition.
In the name of God and the Church,
the priest gives me absolution.
(He may extend or place his hands on my head.)
This means that God has forgiven my sins.

Together the priest and I give thanks for God's forgiveness.

## Communal Rite

We sing an opening hymn and the priest greets us.
The priest prays an opening prayer.

We listen to a reading from the Bible and a homily.

We examine our conscience.
We make an Act of Contrition.

We may say a prayer or sing a song,
and then pray the Our Father.

We confess our sins to a priest. In the name of
God and the Christian community, the priest
gives each of us a penance and absolution.

We pray as we conclude our celebration.
The priest blesses us, and we go in
the peace and joy of Christ.

# Certificate of Achievement

_____
( Name )

has successfully completed this study
of the basic beliefs of our Catholic faith.

_____
( Pastor or Teacher )

_____
( Date )